Grundschule

Gabriele Klink

Wir sind Kinder *einer Welt*

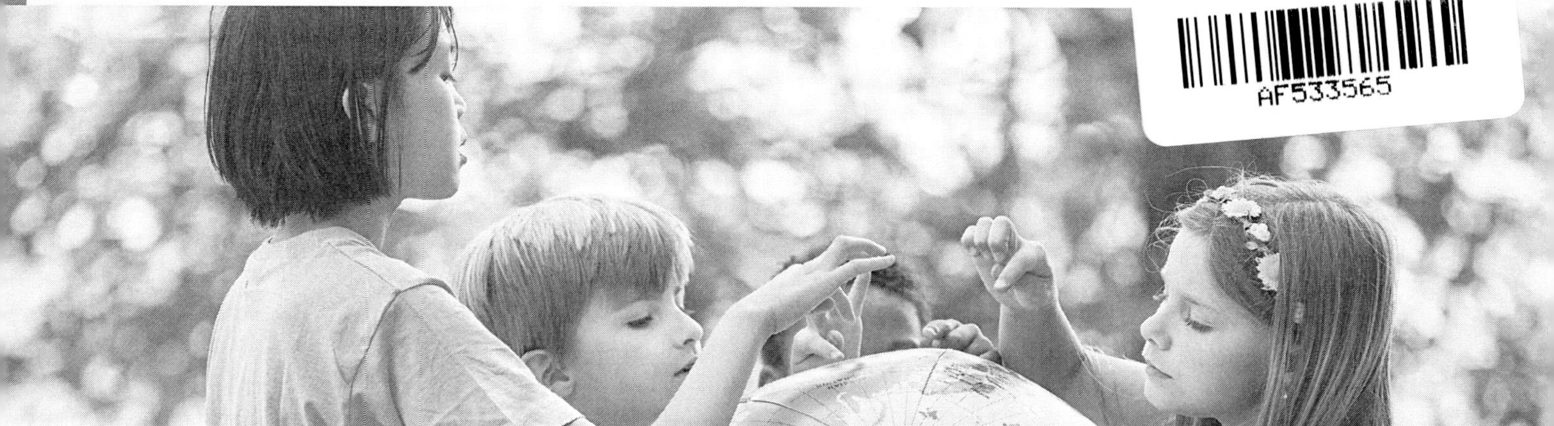

AF533565

Mit vielen praktischen Übungen

Spielend aufeinander zugehen, mit allen Sinnen die deutsche Sprache entdecken

www.kohlverlag.de

Wir sind Kinder einer Welt

Spielend aufeinander zugehen, mit allen Sinnen die deutsche Sprache entdecken

1. Auflage 2023

© Kohl-Verlag, Kerpen 2023
Alle Rechte vorbehalten.

Inhalt und Bildrechte: Gabriele Klink
Umschlagbild: © Robert Kneschke - AdobeStoock.com
Redaktion: Kohl-Verlag
Grafik & Satz: Simone Demler / Kohl-Verlag
Druck: farbo prepress GmbH, Köln

Bestell-Nr. 12 908

ISBN: 978-3-98558-312-6

Das vorliegende Werk und seine Teile sind urheberrechtlich geschützt. Jede Nutzung in anderen als den gesetzlich zugelassenen Fällen bedarf der vorherigen schriftlichen Einwilligung des Verlages. Hinweis zu § 52a UrhG: Weder das Werk noch seine Teile dürfen ohne eine solche Einwilligung eingescannt und in ein Netzwerk oder das Internet eingestellt werden. Dies gilt auch für Intranets von Schulen und sonstigen Bildungseinrichtungen.

Der vorliegende Band ist eine Print-Einzellizenz

Sie wollen unsere Kopiervorlagen auch digital nutzen? Kein Problem – fast das gesamte KOHL-Sortiment ist auch sofort als PDF-Download erhältlich! Wir haben verschiedene Lizenzmodelle zur Auswahl:

	Print-Version	PDF-Einzellizenz	PDF-Schullizenz	Kombipaket Print & PDF-Einzellizenz	Kombipaket Print & PDF-Schullizenz
Unbefristete Nutzung der Materialien	x	x	x	x	x
Vervielfältigung, Weitergabe und Einsatz der Materialien im eigenen Unterricht	x	x	x	x	x
Nutzung der Materialien durch alle Lehrkräfte des Kollegiums an der lizenzierten Schule			x		x
Einstellen des Materials im Intranet oder Schulserver der Institution			x		x

Die erweiterten Lizenzmodelle zu diesem Titel sind jederzeit im Online-Shop unter www.kohlverlag.de erhältlich.

Wir sind Kinder einer Welt und unsere gemeinsame Sprache ist Deutsch.

Bereich 10: Seite 71 - 76
Zusätzlicher Fundus und weitere Gestaltungsideen: Gedächtnisweltmeister / Kindermund / Sinnlich ganzheitliche Entwicklung des Kindes und der Sinnesorgane

Bekannte Bewegungs-Kinderlieder verändern: Gedicht: Kinder, die lachen / Luftballon-Musik und noch mehr Spiele / Rollenspiele / Vom Zuhören, Verstehen und Sprechen mit Spielaktionen / Konfliktspiele / Schattentheater-Spielbühne

Darstellende Lieder mit Melodien: Hoch am Himmel / So ein kleiner Esel / Ich kenne einen Cowboy / Ich fuhr wohl über Meer und Land / This is the way / Good morning / Im Walde von Toulouse da haust ein Räuberpack / If you are happy / Erst kommt mein rechtes Bein hinein / Hab ne Tante in Marokko / Ich armer Mann / Zeigt her eure Füße / Guten Morgen in diesem Haus / Internationales Guten Morgen Lied: Good morning / Farben-Spiellied / Onkel Jörg hat einen Bauernhof / Bruder Jakob / Meine Finger / Ich bin ein dicker Tanzbär / Der Elefant

Vorwort

Kinder erobern sich mit allen Sinnen auch die Welt der Sprache. Dieses entdeckende und experimentelle Lernen bindet seine eigenen Interessen und Begabungen mit ein. Dabei bilden Lernangebote und Lernanreize wunderbare Anregungen, um Sprachegefühl sowie Sprachverständnis anzuregen. Kinder mit Sprachbarrieren oder nicht ausgeprägten Deutsch-Kenntnissen, müssen behutsam gefördert und angeregt werden. Gute Sprachkenntnisse, Hörverstehen, Wortbedeutungen und allgemeines Textverständnis stehen dabei im Mittelpunkt. Gute Sprachkennnisse in unserer gemeinsamen Sprache „Deutsch" bilden die Grundlage unsere Welt, in der wir leben, zu erkunden und zu verstehen, um sich gut verständigen zu können. Um Aggressionen abzubauen, aufeinander zuzugehen und Brücken zueinander und miteinander aufzubauen und zu festigen. Nur wer unsere Sprache nicht nur gut versteht, sondern sie auch sprechen kann, seine Sprachkompetenz festigt und erweitert, hält damit einen Schlüssel zur Integration sowie schulischen und späteren beruflichen Erfolg in seiner Hand. Dieses Buch unterstützt Eltern und Pädagogen dabei, Kinder altersgerecht und individuell aktiv anzuregen. Ich selbst weiß aus eigener Erfahrung, wie wichtig es ist, die Landessprache zu kennen. Ich habe je drei Jahre in Südchile und Afghanistan im Kindergarten sowie in der Schule mitgearbeitet und versucht, mich der Landessprache anzunähern. Beruflich habe ich in multikulturellen Grundschulförderklassen sowie der Eingangsstufe der Grundschule mehr als drei Jahrzehnte unterrichten dürfen. So habe ich einen reichhaltigen Schatz aus der Praxis für die Praxis gesammelt. Und daraus entwickelte sich dieses Buchprojekt.

Wir wünschen Ihnen viel Freude mit dem vorliegenden Erfahrungsschatz.
Das Team des Kohl-Verlags und

Gabriele Klink

1. Spielend aufeinander zugehen und Brücken bauen

Wer klopft denn da?

Spielform: Kreis / ab 2 Jahre / Konzentration; Wahrnehmungsvermögen; Lernen zu warten, bis man an der Reihe ist; Geheimnise nicht verraten; Jedes Kind kommt als Klopfer und Rater an die Reihe.

Spielverlauf: Alle Kinder sitzen im Kreis. Ein Kind darf aufstehen, schließt die Augen oder erhält eine Augenbinde. Der Spielleiter winkt stumm ein Kind heraus, dieses stellt sich ganz leise hinter das „blinde" Kind, klopft es behutsam auf den den Rücken. Das Ratekind sagt: „Wer klopft denn da?" Das Streichel-Klopfkind antwortet nur: „Ich." Nun muss das Ratekind das Klopfkind an der Stimme erkennen. Maximal stehen drei Versuche an. Gelingt die Ratelösung nicht, darf sich das Ratekind umdrehen, die Binde abnehmen und das Klopfkind ansehen und erkennen. Dann werden zwei neue Kinder für die nächste Spielrunde bestimmt.

Tast-Wahrnehmungsspiel am Tisch

Spielform: Kreis / ab 2 Jahre / 4-6 Kinder / etwa 20 Min. Spielzeit / Konzentration; Wahrnehmung; Bilder im Kopf; Vorstellungskraft

Spielmaterialien: großes Tuch und Gegenstände zum darunter verstecken
Zwillingsgegenstand in einem an der Seite stehenden Korb bereitstellen.

Vorbereitung: Unter dem Tuch Dinge mit unterschiedlichen Oberflächen verstecken wie Kamm, Haarbürste, Wollknäuel, Sandsieb, Schere usw. Nur Dinge, die die mitspielenden Kinder kennen. In einem Karton oder Korb wird der Zwillingspartner bereitgelegt.

Durchführung: Um den Tisch oder auf dem Boden in Kreisform sitzen. Immer der Reihe nach – oder das erste Kind bestimmt den Nachfolger – darf ein Kind mit beiden Händen unter das Tuch greifen und einen beliebigen Gegenstand, der darunter versteckt ist, abtasten. Das Kind nennt den ertasteten Gegenstand beim Namen und legt diesen zur späteren Kontrolle an den äußeren Rand unter dem großen Tuch. Nun holt es den vermeintlichen Zwilling aus dem Korb und legt diesen vor sich hin. Zur Kontrolle wird der ertastete Gegenstand unter dem Tuch hervorgeholt und gemeinsam wird überprüft, ob die Lösung richtig war. Dabei können die Kinder auch berichten, warum ihnen ein „Fehlgriff" unterlaufen ist.

Variante: Zwillings-Dinge liegen unter dem Tuch versteckt. Bspw. verschiedenes Obst, Möbel aus dem Puppenhaus, Dinge aus der Küche, Fahrzeuge aus der Bauecke oder auch Kleidungsstücke (Hausschuhe, Handschuhe, Schal, Gummistiefel)

Der geheimnisvolle Zauberberg

Kreisform: ab 2 Jahre / alle Kinder spielen mit Wahrnehmung / Gedächtnis / Formvorstellung
Verstecken und erkannt werden ist sehr spannend und macht mächtig Spaß.

Vorbereitung: großer Teppich oder Decke, Augenbinde

KOHL VERLAG Wir sind Kinder einer Welt – Bestell-Nr. 12 908

1. Spielend aufeinander zugehen und Brücken bauen

Durchführung: Einem Kind aus dem Sitzkreis werden die Augen verbunden. In der Mitte liegt wird die große Decke ausgebreitet.
Der Spielleiter winkt einem Kind zu, das ganz leise in den Zauberberg kriecht und unter der Decke verschwindet. Nun wird das „blinde Kind" aufgefordert, die Augenbinde abzunehmen. Es sagt: „Wer wohnt in diesem Zauberberg?" Das versteckte Kind ruft z. B.: „Hier wohnt ein Wichtelzwerg (oder Fee, Elfe, Einhorn)." Nun darf das Kind vorsichtig an den Zauberberg treten und das Kind unter der Decke abtasten. Hat es die Stimme bereits erkannt, ist es nicht schwer, das Geheimnis des Zauberberges zu lüften. Weiß das Kind das Geheimnis noch nicht, schaut es sich im Spielkreis genau um und erinnert sich, wer auf dem verlassenen Stuhl vorher saß. Es ruft nun: „Bist du der Muharrem?" Aus dem Zauberberg erklingt: „Ja, ich bin der Muharrem!" oder „Nein, ich bin nicht der Muharrem!" Zum Spielschluss zieht das Ratekind die Decke weg und schaut nach, wer im Zauberberg versteckt war.

Was ich alles kann: Darstellendes Gedicht

• Ich kann auf einem Bein gut stehen.	*auf einem Bein stehen, die Arme seitlich strecken*
• Ich kann mich schnell im Kreise drehen.	*sich um sich selbst drehen*
• Ich setze mich und steh wieder auf.	*rasch sich setzen und blitzschnell aufstehen*
• Und springe in die Luft hinauf.	*ganz hochspringen*
• Ich fliege wie ein Vogelkind.	*Arme ausbreiten und leise davonfliegen*
• Und sause wie ein wilder Wind.	*rasch und mit Windgebrause laufen*
• Ich hüpfe wie der Osterhase.	*hüpfen, mit den Händen Hasenohren bilden*
• Stolzieren macht mir auch viel Spaß.	*wie ein Storch durch das nasse Gras stolzieren*
• Ich kann schon richtig galoppieren.	*im Pferdegalopp wiehernd laufen*
• Und wie die Entchen leise marschieren.	*in der Hocke gehen*
• Ich kann huschen wie ne Maus.	*mit kleinen Trippelschritten laufen, fiepen*
• Und schleich mich wie die Schnecke in ihr Haus.	*sich klein zur Schnecke machen*

Durchführung:
Zeile für Zeile vortragen und in Bewegungen umsetzen. Ein Kind zeigt die Aufgabe und alle machen diese nach. Miteinander Bewegungsmuster vereinbaren und gemeinsam darstellen. Kinder erkunden neue Verszeilen und bauen diese mit ein.

Männchen im Kasten: Gefühle erleben

Alle Kinder sitzen im Kreis. Jedes Kind darf sich etwas ausdenken: Tänzer, kleines Kätzchen, gefährliches Krokodil, Ungeheuer, trauriges Kind, weinendes Baby usw. Das erste Kind geht im Kreis spazieren, ganz dicht vor den Kindern und spielt – auch lautstark – seine gewählte Rolle. Die Zuschauer dürfen sich dabei fürchten, trösten, streicheln, ängstlich die Füße hochheben usw. Das Kind bleibt vor einem Mitspieler stehen, setzt sich auf dessen Platz und die nächste Spielrunde beginnt.

Stummes Winken: Darstellendes Aufgabenspiel

Kinder stehen oder sitzen im Kreis. Ein Kind geht in die Kreismitte und winkt sich ein Kind in die Kreismitte. Dann setzt sich das Kind auf den Platz des neuen Spielers.

1. Spielend aufeinander zugehen und Brücken bauen

Tipp: Das Kind im Kreis stellt an alle Kinder eine Aufgabe und winkt sich ein Kind in den Kreis: Wer kann am ruhigsten stehen? Wer schaut am traurigsten? Wer kann lustig kichern? Wer quietscht am lautesten? Wer kann den dicksten Bauch herausstrecken? Wer schnarcht am lautesten? Wer kann am höchsten springen? Wer kann wie ein Tiger fauchen?

Anschleichspiel: Orientierungs- und Ortserkennungsspiel

Ein Kind erklärt, wo es hingehen möchte: Ich gehe in die Mitte, an die Seite, an die Wand, in die obere Ecke usw. Das Kind sucht sich den vorgestellten Platz, setzt sich auf den Boden. Alle Kinder schleichen sich an und bilden einen Kreis um das schlafende Kind. Sind die Kinder zu laut, darf sich das Spielkind eine neue Aufgabe ausdenken. Wurden die Kinder nicht bemerkt, darf ein anderes Kind die nächste Aufgabe stellen.

Spiele mit Steinen und Steinmusik

Steine kennt jeder, dass man damit Musik machen kann, erscheint ungewöhnlich. Steine als Klangkörper kennen aber viele Naturvölker. Musikrhythmus trainiert Bewegungsfreude und erleichtert den späteren Lese- und Schreibvorgang in der Schule.

Vorbereitung: Steine sammeln

Durchführung: Jedes Kind darf sich einen Stein auswählen.

Den Stein mit allen Sinnen entdecken

Die Kinder schließen ihre Augen und befühlen, betasten, beriechen den Stein. Sprachliche Ausdrucksfähigkeit anregen: Der Stein fühlt sich glatt, hart ... an.

Klangquellen entdecken

Jedes Kind geht mit seinem Stein im Raum spazieren und klopft mit ihm auf unterschiedliche Gegenstände. Danach trifft man sich im Kreis und berichtet, worauf sie geklopft haben und wie es klang. Jedes Kind darf der Reihe nach seine Klangentdeckung als Aufgabe stellen: Klopft alle behutsam auf die Tischplatte. Dann wählt es sich ein Nachfolgekind aus. Dieses stellt eine weitere Aufgabe: Klopft alle auf den Fußboden. Weiter Möglichkeiten entdecken und erproben: Schranktür, Vesperbox, Wand, Stuhlbein, Schuhe usw. Sich erneut im Kreis treffen und die Klangerlebnisse aus der Erinnerung und Wahrnehmung schildern: Auf dem Fußboden klang es laut, am Fenster ganz hell und leise.

Ordnungskriterien erfahren: Wie klang es auf Metall, Holz, Glas? Sich erinnern und durch Kontrolle die Aussage überprüfen: Alle Kinder klopfen nochmals an die genannte Fläche.

Klingende Namen: Jedes Kind sagt seinen Namen und klatscht dazu: Su-san-ne. Es spricht seinen Namen und klopft dabei mit seinem Stein rhythmisch auf seinen Stuhl/Boden.

Silbenspiel

Jede Silbe mit einem Steinschlag untermalen. Partnerspiel: Ein Kind klopft seinen Namen gegen den Stein des Partners, dann wird gewechselt.

Satzspiel

Zuerst jedes Kind einzeln dann wieder mit dem Partner: Gu-ten Mor-gen lie-ber Pe-ter. Antwort: Gu-ten Mor-gen lie-ber Fa-bi-an.

Steinmelodie mit zwei Steinen

Jedes Kind darf einen kleinen Satz vorsprechen und alle sprechen und musizieren diesen nach: Ich hei-ße Ma-ri-on. Mir geht es gut. Heu-te scheint die Son-ne usw.

1. Spielend aufeinander zugehen und Brücken bauen

Orchesterprobe

Ein Spieler gibt einen kleinen Rhythmus vor: lang-lang-kurz-kurz-kurz und alle intonieren ihn zusammen.

Klänge identifizieren und beschreiben

Ein Kind schlägt mit seinen Steinen auf sein Wunschmaterial. Alle anderen Kinder schließen ihre Augen und lauschen. Wie klingt es und an was erinnert dieser Klang? Jetzt dürfen alle Kinder die Augen öffnen und diese Steinmusik nachgestalten.

Stein-Morgengruß

Rhythmisierten Text sprechen und intonieren.
Der Pädagoge gibt einen Text vor und die Kinder übertragen diesen in Steinmusik. Dabei Zeile für Zeile vorsprechen und die Zuhörer setzen diese spontan um.

Durchführung: Ich halte in meiner Hand einen Stein, er kann sagen: „Guten Morgen in diesem Haus." Guten Morgen in diesem Haus: sprechen und klopfen.

Obst-und-Gemüse-Theater

Obst kennen die Kinder bereits und können auch den einzelnen Obstsorten die richtigen Namen zuordnen. Vielen Kindern sind jedoch nur wenige Früchte bekannt. Sie wissen nicht viel über den Anbau von Obst und Gemüse, wo sie wachsen, wie sie reifen, wie sie geerntet und verarbeitet werden oder woher sie kommen. Ob diese an einem Baum, einem Strauch, einer Palme, bzw. auf oder in der Erde wachsen, ist vielen Kindern unbekannt. Sie wissen viel zu wenig, wie die einzelnen Obstsorten überhaupt schmecken, ob sie bei uns oder anderswo wachsen. Deshalb vertiefen wir im Herbst dieses Thema, erweitern unser Wissen, erproben unseren Tast-, Riech- und Geschmackssinn.

Vorbereitung: Materialien bereitstellen. Altes Leintuch mit zwei Wäscheklammern an einer Schnur an Kartenständern als Bühne festmachen oder zwei hochkant gestellte Tische, hinter denen später gespielt wird. Kinder sammeln die „Zutaten" im Vorfeld. Pro Theaterfigur eine Gabel und eine leere Flasche.

Materialien: Verschiedenes festes Obst, Kartoffeln, Stoff- und Fellreste, alte Papierschlangen, Gemüseabfall wie Salatblätter, Grünzeug von Möhren aber auch Blätter, Moos, Korken, Holzwolle, Rosinen, Erdnüsse in Schalen, Papierreste, alte Knöpfe, Farben, Schere, Klebstoff usw. zum Befestigen: Stecknadeln mit Glaskopf und Zahnstocher.

Durchführung: Zuerst das Obst/Gemüse als Kopf auf die Gabel stecken und in die leere Flasche stellen. Den Kopf lustig, fantasievoll oder ungewöhnlich gestalten, dabei alle Zutaten mit Stecknadeln oder Zahnstocher befestigen. Ein Salatblatt eignet sich als Hut, Erdnüsse fungieren als Ohren, ein Stoffstück wird zum Kopftuch, aus Papier entsteht eine Krone. Augen, Korkennase, Rosinenmund, Haare, Bart oder Papierhut vervollständigen den Kopf.

Spielmöglichkeiten: Jede Figur erhält einen Namen und stellt sich hinter der vorgefertigten Bühne vor. Sie erzählt, wer sie ist, woher sie kommt, was sie alles kann und macht und berichtet, was sie erlebt hat. Nach dieser Vorstellungsrunde kann ein improvisiertes Gemüse/Obsttheater beginnen.

1. Spielend aufeinander zugehen und Brücken bauen

Tipp: Das Obst abwaschen oder schälen und einen Obstsalat zubereiten. Aus dem Gemüse eine Gemüsesuppe zubereiten und danach den Obstsalat als Nachtisch verspeisen.

Tipp: Gemüsetheater aus Kartoffeln, Sellerie, Zuckerrübe, Lauch ... Beim gemischten Theater treffen sich Herr Sellerie und Frau Orange auf dem Wochenmarkt oder Frau Banane unterhält sich mit Herr Zitrone über ein neues Kochrezept zum Mittagessen.

Brainstorming: Tiere fressen und Menschen essen

Tiere kennen keine „Fresssitten“, keine Hygiene, haben keine Esswerkzeuge oder Gegenstände. Sie erjagen ihre Mahlzeiten und machen unterschiedliche Fressgeräusche. Dazu ein Raster mit den Kindern erarbeiten: Unterschiede zwischen Menschen und Tier zeichnen oder dem Pädagogen diktieren. Sich dazu Symbole ausdenken, sodass die Kinder selbstständig die gemeinsam zusammengetragenen Informationen „ablesen“ können. Erweiterbare Aufzählungen können sein:

Menschen	Tiere
Essen	Fressen
nehmen Besteck	haben kein Besteck
haben Hände und Füße	fressen mit den Pfoten, Fische mit dem Maul
Menschen gehen einkaufen	sind Selbstversorger
benötigen Geld und Einkaufsmöglichkeiten	Tiere müssen sich die Nahrung fangen
trinken alles mögliche	schlappern mit der Zunge Wasser
gehen, laufen, hüpfen, rennen	kriechen, schwimmen, schleichen, stolzieren, krabbeln, fliegen ...
Erdenbürger, Persönlichkeit, Geschöpf	Geschöpf, Lebewesen
Lebensraum Erde	in der Erde, Wasser, Luft, auf der Erde
leben in Häusern, Zelten, Wohnungen	auf Bäumen, in Höhlen, im Wasser
	Fabelwesen: Drache, Einhorn

Lustige Essversuche mit ungeeignetem Werkzeug

Nach jeder Versuchsreihe Brainstorming, Reflexion und Nachgespräch: Wo lagen die Schwierigkeiten und Frustrationstoleranz? Gesammelte Erfahrungen und den Bezug zu menschlichem Essverhalten herausarbeiten in positive und negative Gefühle und Erlebnis-Erfahrungen. Die Zuschauer beobachten den Spielverlauf, um im anschließenden Gespräch das Gesehene zu besprechen. Wer möchte das Geschehen anders, ungewöhnlicher darstellen? Jede Variante sofort in die Tat umsetzen. Im Gespräch Unterschiede, Gefühle, Wertigkeiten besprechen und interpretieren. Vor jedem Spiel eine kleine spannende Geschichte erzählen und vor jedem Spielbeginn miteinander Spielverlauf und Spielregeln vereinbaren.
Vertiefung: Zuvor und danach sich mit dem Tier, seiner Lebensumwelt usw. beschäftigen, um Vorwissen zu erweitern und zu vertiefen. Ergänzen und erweitern durch Rätsel, Geschichten, Bastelarbeiten, zeichnen ...

1. Spielend aufeinander zugehen und Brücken bauen

Themenspiele rund um Essbares

Pickende Hühner Gruppenspiel am Tisch

Material: kleine Behälter mit Gemüseteilchen wie Mais oder Erbsen

Durchführung: Alle Kinder werden in Hühner verzaubert und halten die Hände zum Hühnerschwänzchen auf dem Rücken. Vor jedem Kind steht auf dem Tisch ein Schälchen mit gekochten Maiskörnern oder Erbsen und diese ohne Handeinsatz herausholen. Wer kleckert am wenigsten und leert sein Schälchen ganz? Wer braucht am längsten?

Frei wie ein Vogel Partnerspiel/Gruppe z. B. in der Sporthalle, Wiese, Pausenhof

Material: Gemüseteile, Wurststückchen, Käseecken, weiche Süßigkeiten usw. Laternenstab (Weidenrute), Bindfaden

Vorbereitung: Essbares an einen reißfesten Faden binden (oder mit einer Nadel auffädeln) und die Leckerei am Laternenstab festbinden.

Spielverlauf: Ein Kind ist der Vogel, der Partner das begehrte Vogelfutter. Der Vogel rennt mit den ausgebreiteten Händen als Flügel dem Partner hinterher, welcher das befestigte und begehrte Vogelfutter am Stab befestigt hat und vorausläuft. Hat der Vogel sein Futter im Flug geschnappt, werden die Rollen getauscht.

Rennen mit Schlittenhunden Partnerspiel/Gruppe

Material: Wurststückchen/Käsestückchen oder Obst, Laternenstab, Schnur oder Bindfaden

Vorbereitung: Materialien bereitstellen

Bei Schnee: Schlitten mit einem Kind, ein anderes Kind als Schlittenhund, das den Schlitten zieht und dabei rückwärtsgeht, während das Kind vor seinem Gesicht die Leckerei zum Schnappen baumeln lässt.

Durchführung: Das Kind hält das an seinem Stab festgebundene Leckerli seinem Schlittenhund hin. Das Kind geht, rennt, hüpft oder bewegt sich nach Wunsch auch krabbelnd und der Schlittenhund soll das Leckerli abbeißen und aufessen. Dann erfolgt Partnerwechsel, das andere Kind wird zum Schlittenhund und umgekehrt.

Fledermausspiel Gruppenspiel

Material: Schnur, Essbares, Augenbinden

Vorbereitung: Schnur spannen an der unterschiedliche Leckereien hängen, in unterschiedlichen Höhen für kleinere und größere Spielteilnehmer

Durchführung: Alle Fledermäuse gehen auf Insektenjagd, natürlich mitten in der Nacht. Sie stellen sich vor ihren Lieblings-Leckerbissen, den sie mit dem Mund gut erreichen können. Nun werden die Augen verbunden. Alle Fledermäuse breiten ihre Fledermausflügel aus und auf ein fiepsendes Fledermauszeichen des Spielleiters versucht jeder – Flügel schlagend – seine Leckerei blind zu erwischen und zu verspeisen.

1. Spielend aufeinander zugehen und Brücken bauen

Sprachspiele

Gelogen oder wahr?

Material: Glöckchen

Durchführung: Eine kleine erfundene Geschichte erzählen. Wer zuerst die Lügenstelle erkennt, darf mit der Glocke, die in der Kreismitte deponiert ist, klingeln. Dieses Kind berichtigt, wie es wahrheitsgemäß heißen müsste: **Beispiel:** Heute Morgen bin ich mit dem **U-Boot** in den Kindergarten gefahren und habe einen **Löwen** gesehen. Ein **Krokodil** hat mich freundlich begrüßt und die Erzieherin ist im **Schlafanzug** ... Oder **Unsinnsätze** richtigstellen: Im Bett habe ich heute Nacht gekocht. Der Schrank ist die Treppe hinuntergelaufen. Die Sonne ist hellblau. Ich bin heute auf einer Schnecke geritten. Kinder lieben solche selbst erfundenen, unsinnigen Lügenbehauptungen.

Spiel mit Klangkugel oder Zauberstab

Durchführung: Alle Kinder sitzen dabei im Stuhl-Morgenkreis. Wer möchte, erhält die Klangkugel und darf sich eine Geschichte ausdenken, die gelogen oder wahr ist. Während des Erzählens wird eine Klangdose dabei von einer Hand in die andere Hand gelegt. Wahr oder geschwindelt? Die Kinder entscheiden sich. Die Dose dann wie einen leichten Fußball durch den Kreis kicken, damit ein anderes Kind sich für eine weitere Wahrheit oder Lügenversion entscheiden kann.

Zauberstab: Stab mit Glitter kaufen oder selbst bauen. Während der Glitter in der Wasserröhre langsam durchrieselt, erzählt das Kind seine Wahrheits- oder Lügengeschichte. Ist der Glitter nach unten gerieselt, muss die Geschichte beendet oder abgebrochen werden.

Ordnungsspiele in der Gruppe

Sortierspiele

Material: Ordnungskärtchen mit Symbolen für Perlenkiste, Puzzle, Bauecke usw.

Vorbereitung: Jedes Kind zieht sich eine Symbolkarte und erhält ein Schälchen: leere Margarinedose, Obstkörbchen usw.

Durchführung: Immer freitags werden die verstreut eingesammelten Spielteile aussortiert. Das ist ein begehrtes Wettspiel. Alle Dinge liegen in der Tischmitte. Sie werden betrachtet und katalogisiert: Da sind Perlen, dort liegen Puzzleteile, hier sind Kaufladendinge. Die Ordnungskärtchen werden gezogen. So rasch wie möglich sammelt sich jedes Kind in seinem Schälchen seine Teile ein und räumt sie auf. Wer zuerst fertig ist, weil er nur wenige Dinge einsammeln musste, hilft den anderen. Erst wenn alles eingeräumt ist, trifft sich die Gruppe und zur Belohnung gibt es z. B. ein Salzstängelchen oder eine kleine Geschichte.

Ordnungsspiel zum Aufräumen

Material: Kaufladendinge und Schälchen zum Einsammeln

Durchführung: Alle Kaufladendinge liegen auf dem Tisch. Die Kinder suchen sich ihren Ordnungsteil aus: Eine Gruppe übernimmt das Gemüse, die andere das Obst, die Päckchen, die Dosen, die Brotabteilung usw. Aus dem Durcheinander sammeln sich die Kinder ihre Gegenstände ein und sortieren sie in die Behältnisse. Obst und Gemüse werden in die Obst- und Gemüsereihe einsortiert, Backwaren in die Backkörbchen usw. Gemeinsam einräumen in Spielform macht Spaß.

Tipp: Sortier- und Aufräumspiele kann man in allen Spielbereichen durchführen. Der Fantasie sind keine Grenzen gesetzt.

1. Spielend aufeinander zugehen und Brücken bauen

Klein Adlerauge Ordnungsspiel Puzzle

Material: Puzzle, bei denen Einzelteile fehlen und gefunden wurden / Eventuell selbst gebastelte Federstirnbänder anbieten.

Durchführung: Einige Kinder, die gerne puzzeln, stehen um den Tisch. Dort liegen die Puzzles mit Lücken und die gefundenen Puzzleteile. In Partnerarbeit wird versucht, die Teile richtig zuzuordnen. Alle „Klein-Adleraugen" dürfen an diesem Tag das Federstirnband tragen. Jetzt kann wieder ungetrübt gepuzzelt werden.

Aufräumkönig Ordnungsspiel im frei zugänglichen Bastelregal

Material: nicht einsortierte Gegenstände, gebastelte Aufräum-Königskronen

Durchführung: Das mitgebrachte wertlose „Abfallmaterial" wie leere Toilettenrollen, Filmdöschen, Stoffreste müssen einsortieret werden, damit man sinnvoll daraus neue kreative Dinge herstellen kann. Wieder sucht sich das Kind einzeln oder im Partnerteam eine Aufgabe aus und ordnet die Dinge ein. Wer wird heute Aufräumkönig und darf die Krone(n) tragen?

Suchspiel mit Symbolkarten

Material: Symbolkarten vorbereiten für Kleidung, Bücher, Kaufladen, Scheren / Kleine Schachteln, Körbchen für jedes Kind/Paar bereitstellen

Durchführung: Der Spielleiter hält eine Symbolkarte hoch, die Kinder lesen sie ab. Wer bringt mir zuerst einen blauen Farbstift, einen Hausschuh, eine Schere? Die Kinder übernehmen die verschiedenen Arbeitsaufträge. Sind die Dinge ordentlich aufgeräumt, werden sie rasch gefunden und das Spiel verläuft schnell und ohne Frustration. Es gibt auch Aufgaben, die dem Entgegenstehen, weil die Sachen nicht am Platz sind. Kinder entdecken, dass Ordnungskriterien hier das Spiel wesentlich erleichtern. Am Spielende trägt jedes Kind seine Sammlung zurück und räumt sie auf. Einzeln oder im Team. Wer ist der Schnellste?

Farbkette Ordnungsspiele nach Aufgaben

Um eine Farbkette bzw. -reihe zu legen, müssen Ordnungskriterien angewandt und eingehalten werden. Das ist fürs Lesen und Rechnen lernen eine wichtige Ordnungs-Voraussetzung.

Material: Perlen und Perlenschnüre, Aufgaben- und Farbkarten

Durchführung: Jedes Kind erhält eine Farbkartenreihe, die angibt, wie die Kette gestaltet werden soll nach Farben und Formen: „Rote, gelbe, blaue Farbkette" oder „Runde Perle, eckige Perle" oder mit Zahlen kombiniert: „Zwei grüne Perlen, drei rote Perlen und eine gelbe Perle im Wechsel".

Formen Musterschlange

Material: Stapelsteine, Holzplättchen, Legematerial

Durchführung: Aus einer bestimmten Ordnungsvorgabe eine Schlange legen mit: gelben, roten, blauen Formen /der großes und kleines Spielzeugauto im Wechsel / Puppenteller, Puppentasse, Puppenschüssel / Messer, Gabel, Löffel usw. Der Fantasie sind keine Grenzen gesetzt.

Ordnungskriterien zu kürzer, länger, gleichlang

Material: bunte Plastiktrinkhalme, Schere, Schälchen

Vorbereitung: Trinkhalme in unterschiedliche Längen schneiden

Durchführung: Ordnungskriterien bestimmen: Trinkhalme wie einen Farbgartenzaun senkrecht legen z. B. nur mit roten Teilen: ein roter langer, kürzeren und kurzen Halm.

Tipp Treppe legen: vom längsten zum kürzesten Halm

Tipp Riesenzaun: aus allen Teilen einen Zaun bilden, nach eigenen Ordnungsprinzipien

2. Eltern begegnen sich: Aufeinander zugehen und Brücken bauen.

Kooperation zwischen der Einrichtung und einer Einrichtung mit behinderten Kindern. Regelschule und Förderschule ermöglichen. Miteinander spielen, lernen und sich begegnen: im Sport, Spiel, Fest, Theatergruppe, Kochkurs, Musik usw. Gemeinsame Spielnachmittage genießen, Vorlesepaten lesen den Kindern vor, wir sind zu Gast in einem Seniorenheim und basteln und spielen miteinander. Gäste wie ein sehbehinderter Mensch, Rollstuhlfahrer, Schriftsteller usw. besuchen uns in unserer Einrichtung oder wir besuchen eine Sternwarte oder übernehmen eine Zeitpatenschaft für eine Familie aus unserer Gruppe.

Zusammenarbeit: Der Elternabend, Elternrunden und Elternseminar

Unsere Einrichtungen gehen mit den Eltern einen gemeinsamen Erziehungsauftrag ein, sie ergänzen und unterstützen sich gegenseitig, denn wir wollen nur das Beste für das Kind. Eine gemeinsame positive Arbeit bedeutet Wertschätzung, Mitsprache, Mitarbeit, Mitgestaltung und Partnerschaft. Diese Begegnungsmöglichkeiten dürfen keine Pflichtveranstaltungen sein. Bei Nicht-Muttersprachlern einen Übersetzer dazu einladen oder Eltern um Unterstützung bitten, die Deutsch und die Heimatsprache der eingeladenen Eltern sprechen können. In jeder Einrichtung gibt es Eltern, werden diese direkt angesprochen. Sie klinken sich als Multiplikatoren ein, um unsere Einrichtung und unser pädagogisches Anliegen und die Zielsetzungen den Eltern nahe zu bringen und Schwellenängste abzubauen. Dolmetscher gewinnt man auch über Vereine der einzelnen Herkunftsländer. Dias oder Fotos über ein Jahr in dieser Einrichtung, Kinderzeichnungen, die mit dem Tageslichtprojektor an die Wand „gezaubert“ werden, sagen mehr als tausend Worte und werden international – also auch ohne Worte – verstanden.

Einladung

- Formbriefe, wie in der Schule, sind nicht einladend und machen nicht neugierig.
- Die Einladung erfolgt über die bisherigen Elternvertreter oder die Leitung der Einrichtung.
- Kinder gestalten die Einladung kreativ und farbenfroh: malen, Faltarbeit, Foto usw.
- geplanter Programmverlauf, Einladungen eine Woche vor Termin austeilen

Raum

- Zimmer, in dem die Kinder spielen und lernen, sollten aufgeräumt sein.
- Tische und Stühle stehen im einladenden Rund, so können sich alle ansehen.
- Eventuell große Stühle ausleihen, damit Eltern bequem sitzen. (schwangere Mütter)
- Blumen, Kinderarbeiten, Basteleien oder Kinderzeichnungen begrüßen die Gäste.
- Gastlichkeit unterstreichen: alkoholfreie Getränke, Gläser, Knabbereien anbieten.
- Blätter und Stifte – um Wichtiges selbst zu notieren – bereitstellen.
- Namenskarten beidseitig beschriften: Ffür Sitznachbarn und Kreisgruppen.

Sich kennenlernen

Bei einem Begrüßungsspiel kommt man sich näher. Ich heiße ... mein Kind heißt ... Wir kommen aus ... und schon hat man den Softball in den Händen und ohne Probleme macht er seine Luftreise mit der Namensfrage zum Nächsten. Das Eis ist schnell gebrochen. Die Eltern versuchen, sich vorsichtig einander zu nähern. Der Pädagoge stellt sich vor, berichtet über sich, Ausbildung, Schwerpunkte. Die Mitarbeiter stellen sich vor, beschreiben kurz ihr Tätigkeitsfeld und ihre Aufgaben in der Gruppe: Hier können Fragen und Wünsche gleich gestellt werden.
Nun lade ich alle zu einer Reise durch das Jahr mit Dias oder an die Wand projizierten Fotos über und von Kindern ein. Die Texte sind kurz und werden durch meine Stimme moduliert. Die Bilder sind sprachfrei und international verständlich. Es sind immer Eltern dabei, die bereit sind, anderen sprachlich zu helfen und zu übersetzen. Kontakte untereinander und zueinander entstehen.

2. Eltern begegnen sich: Aufeinander zugehen und Brücken bauen.

Einblicke geben

Den Spiel- und Lernort gemeinsam ansehen. Einblicke in Unterrichtsformen vorstellen. Gruppenzusammensetzung erläutern: Gruppengröße, Jungen, Mädchen. Alter der Kinder ... Planung von Exkursionen, Feste und Elternarbeit erläutern. Mitarbeit der Eltern anbieten: Hospitationen, Mithilfe bei Ausflügen, Kochkurs, Sport ...

Protokoll

Anfertigen, allen Kindern wenige Tage danach mitgeben, um nicht teilnehmende Eltern zu informieren, aber auch zum Nachlesen von Vereinbarungen oder Terminabsprachen.

Kleingruppenarbeit als Möglichkeit

Zu den besprochenen Themen des Abends: Diese präsentieren und diskutieren. Pädagogischer Fragenkatalog: Sprachprobleme, Exkursionen, Feste, Benimm-Themen ...

Konflikte

Nur kurz ansprechen, nicht am Elternabend lösbar, sondern neue Gesprächsrunden im kleinen Kreis anbieten. Eventuelle Vermittler dazu einladen: Arzt, Therapeuten, (Schul-)Sozialarbeiter.

Diskussionspause

Macht den informellen Gedankenaustausch der Eltern untereinander möglich. Etwas knabbern (aus dem Kinderkochkurs) und trinken fördert die Gemeinschaft und lockert auf.

Ausklang

Anregungen zum nächsten Treffen sammeln. Fragen, Wünsche, Kritik, Erwartungen einbinden. Eventuell einen kleinen vorbereiteten Gruß an das Kind zu Hause mitgeben. Ein Sprichwort, ein kleines Gedicht oder ganz kleine Geschichten lassen den Abend ausklingen.

Elternseminare

Mit Gastreferenten, die kein oder nur ein geringes, Honorar fordern: Hier treffen wir uns zu besonderen Themen, die mehr als einen Abend in Anspruch nehmen.

- Wenn Kinder nach Tod und Sterben fragen ... mit einem Pfarrer und/oder Arzt als Gast.
- Ist mein Kind verkehrssicher ... Zusammenarbeit mit der Polizei.
- Lebenslanges Lernen: Pädagogen, ehrenamtliche Mitarbeiter der Stadt.
- Geh nie mit einem Fremden: Gewaltprävention der Polizei.
- Vorlesen und Bücherwurm: Stadtbücherei, Buchhandlungen, Vorlesepaten berichten.

Eltern ins Boot nehmen: Partnerschaft Elternhaus und Einrichtung

Erziehungspartnerschaft in gegenseitigem Respekt zwischen Elternhaus und Einrichtung ist die Basis partnerschaftlichen Miteinanders. Sie bilden die Grundlage für erfolgreiche Zusammenarbeit. Diese gelebte und erlebte Partnerschaft wird durch vertrauensvolle, beidseitige Achtung, Akzeptanz und Unterstützung sichtbar. Erziehungspartnerschaft bedeutet Achtung und Respekt auf beiden Seiten, auch vor der jeweiligen eigenen erzieherischen Verantwortung dem Kind und seinen Eltern gegenüber. Berücksichtigt werden muss, dass Elternerziehung oft andere Prioritäten und Schwerpunkte setzt als die Einrichtung, die das Kind besucht. Hinzu kommen noch religiöse Einflüsse und multikulturelle Belange. Gemeinsam bemühen wir uns, über Hintergründe und Vorstellungen des anderen vorurteilsfrei und umfassend zu informieren, einen Dialog zu suchen und zu ermöglichen, um mit Interesse und Wissbegierde aufeinander zuzugehen. Dieses

KOHL VERLAG Wir sind Kinder einer Welt – Bestell-Nr. 12 908

2. Eltern begegnen sich: Aufeinander zugehen und Brücken bauen.

Spannungsverhältnis gleicht oft einem Spagat zwischen zwei Welten. Beide Seiten entdecken und nutzen sie, um Eltern und Kinder stark zu machen. Persönliche Gespräche zwischen Eltern, Pädagogen und Kindern und gegenseitige Kontaktaufnahme, Informationen und Gesprächsmöglichkeiten sind die Grundlage für Gemeinsamkeit. Eine kontinuierliche Information, Beratung durch Elternrundbriefe, Feste, Spieltage, offene „Schultür" und Ausflüge unterstützen dies. Mit Einverständnis der Eltern erhalten alle Kinder und Mitarbeiter die Telefonliste zur gegenseitigen Kontaktaufnahme. Mich als Pädagogen dürfen die Eltern jederzeit anrufen, wenn Fragen oder Probleme zu lösen sind. Dabei müssen Sprachbarrieren überwunden werden. Ein persönliches sich Öffnen und aufeinander zugehen ist hilfreich.

- Wie geht es dir/Ihnen heute?
- Wie fühlst du/Sie sich?
- Brauchst du/Sie meine Hilfe?
- Kann ich dich/Sie begleiten oder unterstützen?

Dies sind erste Schritte des gegenseitigen Verständnisses und Vertrauens und erfordert von allen Beteiligten ein Fördern und Fordern. Die Einrichtung sollte ein Ort sein, an dem sich Eltern, Kinder und Pädagogen angenommen, ernst genommen und wohl fühlen durch gegenseitige Akzeptanz, Toleranz und wechselseitige Unterstützung.

Gewinnen Kinder und Eltern Vertrauen in sich selbst, erhalten sie Hilfe, Verständnis auch Wertschätzung und Zuneigung aus dem Umfeld. Also der Einrichtung, den Eltern, den Mitarbeitern und den Kindern der Gruppe. Sie werden stark genug, um mit alltäglichen Situationen, Schwierigkeiten, Ängsten und Problemen umzugehen. Besonders wird dies durch gemeinsame Aktionen, miteinander etwas gestalten und feiern, singen, kochen, backen oder Ausflüge machen, gestärkt. Eine besonders wichtige unterstützende Rolle nimmt die Integration aller Eltern ein. Sie gilt es, ins Boot zu holen, sie aktiv zur Mitarbeit anzuregen, dabei direkt auf die Eltern zugehen und sie persönlich um Hilfe und zur Mitarbeit einladen bzw. bitten. Eltern haben unendlich viele Talente, ein enormes Wissen, das sich die Einrichtung zu Eigen machen sollte. Gleichzeitig erleben mitarbeitende Eltern den Unterrichtsalltag. Gegenseitiges Verständnis und Achtung werden gefestigt. Beteiligte engagierte Eltern lernen die Einrichtung oder die Institution Schule aus einer neuen Perspektive kennen, verstehen sowie schätzen und erfassen die Zusammenhänge des spielenden oder schulischen Lernens besser. Wird die Brücke Elternhaus und Einrichtung von allen vertrauensvoll betreten, werden Vorurteile auf beiden Seiten hinterfragt und abgebaut. Eltern sind gerne bereit, uns ihr Heimatland, ihre Sitten, Bräuche, Sprache, Rezepte oder Lieder vorzustellen und die tangierten Kinder sind sehr stolz, dass ihre Mutter zu Gast war. Die Gastfamilie fühlt sich rasch von uns allen angenommen und mitgetragen. Sie erleben unser Interesse, unsere Anteilnahme und Wärme und das gegenseitige Verständnis für „Mein Land – Dein Land" ist gewachsen. Wenn Eltern Gäste in der Gruppe sind, werden auch alle Eltern der Gruppe informiert und eingeladen.

Aus **Eritrea** kam Aishas Mutter in ihrem langen, farbenfrohen Gewand in die Einrichtung. So hautnah hatten die Kinder noch keinen „Afrikaner" erlebt. Die anfängliche Zurückhaltung wurde rasch überwunden. „Färbt deine Haut ab"? Diese brennende Kinderfrage wurde umgehend überprüft und durch die sofortige Praxis beeindruckend beantwortet. Wie schön klingt die Sprache und wie rhythmisch hört sich ein Lied aus Eritrea an. Auf dem Globus studieren wir die Welt und suchen das Land im fernen, großen Afrika. Das ist ganz schön weit von uns entfernt. Bisher war Afrika für die Kinder „Elefanten und Giraffen". Fotobände, Bilderbücher, Kindergedichte, Fabeln und Märchen aus Afrika bringen uns in den nächsten Wochen das Land näher. Natürlich erfahren wir auch etwas über den Krieg dort und zünden am Ende der Begegnung im Friedenskreis unsere

2. Eltern begegnen sich: Aufeinander zugehen und Brücken bauen.

Friedenskerze an, formulieren unsere Sorgen und Ängste, stellen Fragen, wie es den Familienmitgliedern in Eritrea geht. Auch persönliche Fragen: „Habt ihr Angst um den Opa dort? Wie gehen Kinder dort in die Schule und gibt es einen Kindergarten?“ werden gestellt.

Ein türkischer Vater erklärt uns den Ramadan und auch wir Pädagogen wurden schlauer. Auch hier flogen Fragen und Antworten wie ein Pingpongball zwischen dem Gast und den Kindern hin und her, um gemeinsam die Welt zu erkunden und neu zu entdecken. Die Kinder erklärten darauf sofort solidarisch, dass sie beim Spieltag morgen alle auf Saft und Kuchen verzichten wollen, damit die mohammedanischen Eltern nicht zuschauen müssen. Nach dem Ende des Ramadan wird das Zuckerfest mit vielen Süßigkeiten gefeiert. Der Vater feierte es mit uns und den türkischen Kindern in der Gruppe ... ein beeindruckendes Erlebnis.

In der Gruppe haben wir auch den Kurs: **„Mama und Kinder lernen Deutsch“**, er findet jeden Donnerstagvormittag statt, ist kostenlos und die kleineren Geschwister werden für eine Stunde in der Einrichtung mitbetreut.
Die Sprache ist unser wichtigstes Verständigungsmittel und eine zwingende Voraussetzung, um am schulischen und gesellschaftlichen Leben teilzunehmen. Hierzu haben wir die besten Angebote und Ideen der letzten vierzig Jahre zusammengetragen und zu unserem eigenen Spiel- und Sprachkursbuch zusammengestellt. Eltern dürfen jederzeit in der Gruppe hospitieren, zusehen, mitspielen, mit uns ein Gericht aus ihrem Land kochen oder backen. Die **„Offene Schultür“** steht auch zukünftigen Eltern oder Interessierten jederzeit – auch ohne Anmeldung – offen. Unsere Gäste erhalten einen spontanen Einblick in den Tagesablauf und das gemeinsame Spielen und Lernen. Wir lernen, uns in den Sprachen der Kinder mit einem Sprachen-Spiellied zu begrüßen, lernen einfache Kinderlieder ihres Landes oder die Zahlen bis zehn. Neue zukünftige Eltern dürfen auch zu **Schnuppertagen** schon vorher mit ihrem Kind die Gruppe besuchen oder das Kind darf als Besucherkind im Vorfeld den Alltag einmal miterleben. Solche Besuchertage sind auch ein Höhepunkt für die Kinder. Sie sind stolz der „Öffentlichkeit“ zu zeigen, was sie alles gelernt haben. Als krönender Abschluss fasziniert auch heute noch ein kleines Kasperletheater, bei dem oft ein Vorschulkind (oder/und Mutter) mitspielt. Wichtig ist nur der Spielinhalt und das Festlegen der Spielfiguren, deren Charakter oder Spielauftrag. So haben wir zusammen eine nette kleine Kasperle-Theater-Spielesammlung aufgebaut.

Wie locke ich Eltern aus ihrer Reserve?

Eltern haben oft kein Interesse oder trauen sich nicht in die Einrichtung. Vielleicht fürchten sie, die deutsche Sprache nicht ausreichend zu verstehen, vielleicht kennen sie niemand aus der Gruppe, vielleicht fühlen sie sich fremd. Mangelnde Integrationsbereitschaft bei deutschen oder ausländischen Eltern beruht auch auf Ängsten, sich nicht verständlich machen, sich nicht gut ausdrücken zu können, preisgeben zu müssen, dass man nicht lesen und schreiben kann (4 Millionen Analphabeten soll es in Deutschland geben). Offenheit, Wärme, Herzlichkeit und ein Lächeln bauen Schranken ab. Den ersten Schritt macht nicht der andere, sondern ich, der Pädagoge der Einrichtung. Offenheit muss vorgelebt werden, also rufe ich die Familie an, bitte die Mutter um Mithilfe, biete Hilfestellung an. Dabei muss der Erzieher gut zwischen den Zeilen lesen können: Meinungen und Zurückhaltungen hinterfragen, gut zuhören und Gesprächspausen interpretieren. Das Gegenüber immer ansehen und den Blickkontakt halten, denn die Augen sind das Fenster zur Seele und geben ungewollte Einblicke in uns selbst preis. Dies ermöglicht auch ein sprachfreies aufeinander zugehen. Dabei auf beiden Seiten Halbwissen erkennen, eigene Vorurteile und Wertvorstellungen hinterfragen, **Intoleranz** abbauen und Unwissen korrigieren. Kontakte aufbauen mit einer anderen Kindergruppe, auch mit behinderten Kindern. Sich austauschen per Brief oder Internet mit einer Einrichtung im Heimatland des Kindes und Vorortkontakte mit den Kulturvereinen oder den ausländischen Schulen bei uns in der Stadt.

2. Eltern begegnen sich: Aufeinander zugehen und Brücken bauen.

Elternabende, Spieltage, Ausflüge und gemeinsames Essen sind ein guter **Einstieg**. Kinder bereiten das Fest mit vor und berichten begeistert zu Hause. Sie erzählen von den Proben, den tollen Kostümen und freuen sich riesig auf die Eltern, die ihnen dann Applaus spenden. Kinder „nerven" hier die Eltern oft sehr intensiv, bis wenigstens ein Familienmitglied mitkommt. Originelle, farbenfrohe Einladungen und ein herzlicher Einladungstext unterstützen dies. Eine Vorankündigung im letzten Elternrundbrief hilft den Eltern bei der Planung. Eine Woche vor der Aktion folgt dann die persönlich gehaltene und gestaltete Einladung an die Familien. Eltern immer um Mithilfe bitten und einbinden. Eventuell Fahrgelegenheiten organisieren über Eltern, die in der Nähe wohnen. Eltern übernehmen eine Patenschaft für eine Familie und begleiten sie zu den Aktionen. Sie sind oft die ersten Freunde oder Ansprechpartner. Spielen dann die Kinder auch außerhalb der Einrichtung miteinander, ist die erste Verständigungsbrücke aufgebaut und kann der Beginn einer wunderbaren Freundschaft sein. Spieltage, Elternsprachkurs, Elternbegleitung bei Ausflügen, Elternbeirat und Interessensverbände als Bindeglied mit ins Boot holen. (Türkischer, griechischer, spanischer Verein usw. Auskunft erhält man über das Bürgermeisteramt.)

Spieltage Bei meiner Fortbildung in Peru 2015 für behinderte Kinder

Eine weitere Begegnungsmöglichkeit sind unsere Spieltage: „Komm ich zeige dir, wo ich spiele und lerne." Die Kinder weihen ihre Eltern und Familien in die Geheimnisse der Spielewelt ein. Am Vormittag haben sie sich ihre Lieblingsspiele heraus gesucht und sie liegen auf den unterschiedlichen Tischen bereit. Die Eltern lernen sich nicht nur an den unterschiedlichen Spielstationen an den Tischen kennen, sondern werden aufgefordert, auch im Wettkampf mit und gegen die Kinder zu spielen und entdecken so ganz nebenbei ihre eigene Spielfreudigkeit. Spielen ist immer auch Kontaktsuche und Kontaktaufnahme. Spielen ist frei sein, ist grenzenlos, weltweit und völkerverbindend. Spiel kennt weder Hautfarbe noch Sprachprobleme. Spiel ist nicht nur spielerisch, sondern kann herausfordern und alle Kräfte beanspruchen. Spielen bedeutet Lernen in einem wichtigen Erfahrungs- und Erprobungsraum. Spielen ist eine Bereicherung für die Familie und Gruppe. Spielen ist Lernen. Lernen ist ein lebenslanger Vorgang. Spielen ist Leben und Lernen. Ab diesem Zeitpunkt dürfen sich die Eltern das ganze Jahr über Spiele der Gruppe ausleihen und für maximal zwei Wochen mit nach Hause nehmen. Die Kinder genießen dies sehr, dürfen sie nun die Lehrerrolle übernehmen und die Familie in die Spielwelt einführen.

Bücherkisten und Vorlesepaten

In selbst gestalteten (Obst)-Kisten sammeln wir Bücher, die wir nach Themen ordnen und zusammenstellen. Die Eltern begleiten und gestalten einmal im Monat unsere Gruppen-Bücherei und legen den Ausleihmodus fest. Wir bitten unsere zuständige Schule mit Genehmigung der Schulleitung, ein Plakat aufzuhängen: Wir suchen Kinderbücher aller Art für unsere Gruppe. Wir erkundigen uns bei Schülern, Nachbarn und Freunden nach gut erhaltenen Büchern. Sie dürfen auch getauscht werden. Ich stelle mein Tierlexikon hinein und entnehme im Tausch ein Bilderbuch. Lust auf Lesen wollen ist der Einstieg in eine Lesekarriere. Auf Bücher neugierig machen und das Abenteuer

KOHL VERLAG Wir sind Kinder einer Welt – Bestell-Nr. 12 908

vorgelesen zu bekommen oder selbst lesen, ist eine wunderbare Sache. Lesekompetenz ist eine Schlüsselkompetenz und ein unverzichtbarer Zugang zu Informationen, ermöglicht Einblicke in fremde Gedanken und Geschichten und ist ein Tor zur Welt. Vorlesen und Erzählen sind die preiswertesten Investitionen in die Zukunft unserer Kinder. Eltern oder andere Vorlesebegeisterte haben wir als Vorlesepaten für die Gruppe gewonnen. Das ist ein besonderer Höhepunkt, wenn ein Vorlesepate von Außen zu uns kommt. Mit Kindern und Eltern, die die Bücherei am Ort erkunden oder eine der kostenlosen Autorenlesungen für Kinder gemeinsam erleben und genießen, ist ein ganz besonderer Höhepunkt.

Miteinander Kochen, Backen und Lernen

In unserem regelmäßigen Kinderkochkurs klinken sich auch immer wieder Eltern ein, die etwas Besonderes kochen oder backen möchten. Die Kinder backen ihren Namen, gestalten Osterhäschen aus rohen Kartoffeln, lassen sich Würstchenigel schmecken, finden Brotengel lecker, genießen tunesische Dattelplätzchen und türkisches Lahmacun oder gesunde Obst-Bananenschnecken.

Beim gemeinsamen monatlichen Mittagessen wird der Tisch hübsch gedeckt und die Kinder erkunden Esssitten hautnah. Gemeinsam wird der Küchendienst bewältigt und eine Kostprobe darf mit nach Hause genommen werden. Sinnesanregungen wie riechen, schmecken, Teig schlecken, miteinander den Duft des Gebäckes genießen, den Geschmackssinn aktivieren, wenn die einzelnen Zutaten gekostet werden, verbindet.

Spieltage und Genuss

Hier werden die Familien an Fasching, an Ostern oder Nikolausabend zum praktischen und genussreichen Spielkurs eingeladen. Sie erhalten unsere erprobten Spiele kopiert mit nach Hause, denn der nächste Kindergeburtstag kommt bestimmt. Spiele und spielen fördert Integration, soziale Kompetenzen und Gruppengefühl, erschließen die Welt und regen alle Sinne an. Dabei kreieren alle Eltern – nach vorheriger Absprache – das kalte Buffett. Gerne entscheiden wir uns auch für neutrale „Überschriften“ wie Märchenland / Im Zauberwald / berühmte Tiere und Menschen aus der Kinderliteratur. Wir spielen, singen und musizieren miteinander. Ganz nebenbei wird ein Erfahrungsaustausch angeregt, neue Freundschaften werden geknüpft und alle nähern sich an. Feste verbinden auf sympathische, natürliche Art und Weise. Schaut dann noch der Osterhase oder der Nikolaus vorbei, ist das grandios. Die Kinder erleben hier ihre Eltern unbeschwert, vielfältige Aufgaben gilt es zu meistern, sodass jeder mit jedem spielt. Hinterher haben die Eltern genauso rote Backen und glänzende Augen wie die Kinder.

3. Wir laden Gäste ein und sind Gastgeber

Jemanden besuchen und Neues kennen lernen ist nicht nur informativ und spannend, sondern macht sehr viel Spaß. Interessante Menschen zu uns in die Klasse einzuladen, erweckt unsere Neugierde und bringt uns die Welt ein Stückchen näher. „Komm heraus aus deinem Schneckenhaus und strecke deine Fühler in die Welt hinaus!", könnte eine Überschrift über vielfältige Exkursionen sein. Es ist ein Blick über den eigenen Tellerrand und bedeutet, Scheuklappen abzulegen. Durch solche Begegnungen wird die Lust auf Unbekanntes geweckt, Wissbegierde angestachelt, die Welt, in der wir leben wird durchsichtiger und damit verständlicher.
Kinder wollen von Natur aus die Welt im wahrsten Sinne begreifen, erfahren, erforschen und erleben. Kinder wollen sich selbst auf den Weg begeben, sie möchten selbst die Dinge erklären und erforschen, bauen sich eigene Erklärungsmodelle auf. Die gilt es zu hinterfragen, zu deuten und zu klären.
Gleichzeitig wächst die Kinder-Eltern-Lehrergruppe rasch zusammen und eine wunderschöne, auch intensive Gruppengemeinschaft entsteht, in der jedes Kind mit seiner Familie, gleichgültig wie die sonstigen Lebensumstände oder Nationalitäten sind, zusammenfinden. Jeder bringt sich ein, so wie er das kann und möchte, begleitet uns bei unseren Unternehmungen oder agiert ganz selbstverständlich als „Pflegepapa und Pflegemama". Ein individuelles Verweilen an interessanten Punkten, beim Zoobesuch oder der Sternwarte unabhängig von der Gruppe, gelingt besser. Fast von selbst entstehen weitere Begegnungsformen, die Eltern mit ihren Kindern einbinden und zu einem weiteren Schritt der Integration führen. Erlebnisse, neue Erfahrungen, Wertungen und das Wir-Gefühl der Gemeinschaft öffnet Wege für alle Beteiligten vom ICH zum DU und zum WIR. In kurzer Zeit bildet sich eine integrative Klassengemeinschaft, ohne Wertungen, Vorurteile, ohne Lernzwang oder Leistungsdruck. Unendlich viel wird dazu gelernt und keiner merkt es.

Wir fungieren beim Zahnarzt als Lehrlinge, entwickeln uns zu Hühnerexperten, bauen Ängste mit dem Rettungsdienst ab und genießen völlig gesund eine Krankenwagenfahrt, lauschen in der Stadtbücherei einem Märchen, machen einen Schnupperkurs im Yoga, steigen probeweise in ein Flugzeug oder erkunden ein Polizeirevier. Nachhaltige unvergessliche Begegnungen der besonderen Art, einfach nur zum Genießen.

3. Wir laden Gäste ein und sind Gastgeber

Fremde werden Freunde

Soziale Kompetenzen werden erfahren, erlebt und gelebt. Gefühle sind dabei ausdrücklich erwünscht und zugelassen. Und natürlich sollte man das Ergebnis auch voller Stolz in der Öffentlichkeit präsentieren, bei einem Konzert, einer Ausstellung, einem Zeitungsbericht. Als Belohnung erhält man Freude und Stolz über das Erreichte, aber auch die eigene Erfahrung. Gemeinsam sind wir unschlagbar und Eltern aus aller Welt bringen uns ihre Heimatländer näher. Dies sind wichtige Streicheleinheiten für die Seele und das Selbstwertgefühl. Eingeschlossen wird dabei das miteinander reden, spielen, sich begegnen, Gedanken austauschen, bestehendes hinterfragen, Neuem aufgeschlossen sein und niemals aufgeben.

Zusammenarbeit setzt Toleranz, gegenseitige Achtung, sich akzeptieren voraus, ohne dass Besserwisserei jeglichen Ansatz bereits im Keim zu ersticken droht. Jedem eine Chance einräumen, Wege der Verständigung zu erarbeiten. Gemeinsames statt Trennendes zu entdecken, ist ein Grundbaustein zum friedlichen Umgang miteinander. Wachsende Fremdenfeindlichkeit und rassistische Übergriffe benötigen einen Appell gegen Intoleranz und fordern zur Zivilcourage auf. Eingreifen statt wegsehen, Handeln statt zusehen, hinsehen, statt zu glauben, das gehe mich nichts an. Dem Bedrängten mit Worten, Gestik und tatsächlichem Eingreifen zur Hilfe eilen, sich Solidarität und Mithilfe bei den Zuschauenden holen, Hilfe anbieten, auch ohne Aufforderung, ist unverzichtbar. Ob es sich dabei um andere Sitten, Menschen aus anderen Kulturen oder Behinderte handelt, ist unwichtig. Auch hier spielen Eltern, Herkunft und das soziale Umfeld eine tragende Rolle. Es werden Bausteine zum friedfertigen Umgang miteinander gelegt. Kinder, die dies erleben, erhalten Werteorientierungen, Sicherheit im Umgang miteinander und fühlen sich wohl. Hieraus ergeben sich automatisch Rechte und Pflichten, Normen und Werte, Bedürfnisse und Wünsche, Nähe und Distanz für alle. Freiheiten erfahren Begrenzungen und Grenzen. Grenzen, die den eigenen Schutzraum signalisieren, Grenzen die Einschränkungen aufzeigen, Grenzen die schützen und Grenzen die Signale setzen: Halt, bis hierhin und nicht weiter.

Gleiche Rechte und Pflichten für alle Beteiligten gilt es zu vereinbaren, natürlich altersgemäß. Wenn ich alles herumliegen lasse, kann ich vom Kind nicht erwarten, dass es aufräumt. Wenn ich mich beim Bäcker vordrängle, kann ich nicht erwarten, dass Kinder das nicht tun. Natürlich sind Rechte, Pflichten, Werte usw. je nach Alter und Situation auch verhandelbar. Erwachsene sollten nicht die Kumpels der Kinder werden, sie müssen bewusst führen, anleiten, begleiten und leiten. Dass daraus Meinungsverschiedenheiten, Reibereien und Konflikte erwachsen, ist normal. Dosierung, gepaart mit Einsicht und Situationsverständnis – aber bei allen Beteiligten.
Unsere Welt ist global, mit dem Flugzeug erreicht man ruck zuck ein anderes Land oder Kontinent. Unsere Kinder werden nicht nur in Europa, sondern weltweit ihren Arbeitsplatz finden.

3. Wir laden Gäste ein und sind Gastgeber

Integration bedeutet deshalb, sich in diese spannende Vielfalt einzubinden, das eigene Weltbild erweitern, ergänzen. Freiheiten und Andersartigkeit mit Fairness begegnen, demokratisch Unbekanntes aufnehmen, versöhnlich und menschlich miteinander umgehen und aufeinander zugehen. Viele Signale aussenden, mehrere unterschiedliche Lösungswege ausprobieren, offen sein für Hilfestellungen, das eigene Selbstwertgefühl und Selbstbewusstsein stärken und fördern machen den Weg frei, zu einer gemeinschaftsorientierten Persönlichkeit heranzureifen.

4. Sprache, Bewegung, Konflikte

Gut die Hälfte aller Kinder, zeigen Bewegungs- und Haltungsschäden, gekoppelt mit Störungen im Wahrnehmungsbereich, Auffälligkeiten im Verhalten und zunehmende Aggressionsbereitschaft. Die Chancen, Konflikte friedlich zu lösen, nehmen immer mehr ab. Eine Konflikterkennung ist aber die Voraussetzung, um anstehende Probleme friedlich zu lösen. Aggressive Lösungsmodelle scheinen heute in der Gesellschaft immer mehr toleriert zu werden. Ellbogenmentalität statt das Miteinanderreden nehmen zu. Erhält das Kind frühzeitig Sinnesreize mit Bewegungsangeboten, lassen sich Vernetzungen im Gehirn rascher entwickeln. Psychomotorische Anreize bilden wiederum vielfältige Lernstimulierungen, Lernerfahrungen und Lösungsmöglichkeiten. Angemessen und situationsbezogen auf ein Ereignis oder eine Situation zu reagieren, kann besser trainiert werden und ermöglicht bzw. erleichtert, Lösungen zu entdecken.

Gemeinsam trägt dies wiederum zur Intelligenzförderung bei, durch Einbindung in das soziale Umfeld und das soziale Netz des Kindes. Die Persönlichkeit des Kindes erhält eine weitere Chance der Förderung. Gleichzeitig werden die körperlichen Bewegungsabläufe, das Zusammenwirken aller Muskeln zu einer Bewegung miteinander verknüpft und einander zugeordnet. Sie stärken Vernetzungen und beeinflussen die Bewegungssicherheit. Sie vermitteln Selbstwertgefühl, regen die Freude, sich zu bewegen und zu lernen an.
Sinneserfahrungen helfen, das Unfallrisiko der Kinder zu senken sowie Bewegungsabläufe kontrollieren und einzuschätzen. Sehen, Hören, Bewegung und Reaktionsvermögen müssen aufeinander abgestimmt werden. Feinmotorische Bewegungsabläufe werden gezielt koordiniert, Handlungsabläufe gelingen und werden zur Routine. Übungen zur Verkehrssicherheit des Kindes können Unfälle verringern oder vermeiden. Kinder trainieren, was ein Bremsweg ist, wenn sie plötzlich aus dem Nichts ein Haltesignal erkennen. Sie erkunden, dass zwischen dem Erkennen einer möglichen Gefahr und dem Anhalten eine erhebliche Zeitspanne liegt und dass ein Fahrzeug wesentlich länger benötigt, zum Stehen zu kommen, als ein Fußgänger. Startet das Kind zum Beispiel gleichzeitig mit einem rollenden Ball, wird das Kind wesentlich schneller zum Anhalten kommen als der Ball. Bremswegspiele in vielfältigen Experimenten helfen dem Kind, nicht nur die drohende Gefahr einzuschätzen und lassen sich gefahrlos trainieren. Gefahren erkennen bedeuten Gefahren bannen. Sich miteinander bewegen, in der Pause, im Spiel, Sport oder Aktionen, bei Kreisspielen, zu Liedern, beim Tanzen oder in der Rhythmik stärkt das Gemeinschaftsgefühl und festigt das Verhalten miteinander und untereinander. Fairness und Rücksichtnahme kristallisieren sich wie von selbst heraus.

4. Sprache, Bewegung, Konflikte

Kinder haben Freude an der Bewegung. Sie hüpfen, springen, tanzen gerne. Klatschen, trampeln, Körperbewegungen aller Art beherrschen Kinder aus ihrem Ursprung heraus intuitiv. Sie setzen unbefangen und selbstverständlich ihre Gestik, Mimik oder ihre Gebärdensprache ein. Damit können sie Auseinandersetzungen besser bewältigen und vereinbarte Spielregeln können sie eigenständig einordnen und einhalten. Balancieren und klettern tangieren alle Sinne und binden bauen, konstruieren, malen, basteln oder Ballspiele mit ein. Eingebunden werden Sport und Musikvereine, Wassergewöhnung, Kreisspiele, Theaterspiel oder Pantomime ... gemeinsam bilden sie ein Netzwerk und sind wichtige Bausteine an Bewegungselementen.
Konzentration gepaart mit Entspannung, Ruhe mit Bewegung sowie Individualität mit Gruppendynamik, Spielregeln mit eigenen Vorstellungen, auch Tobspiele, bilden eine Brücke zu „Regelspielen". Kinder wollen und müssen ihre Kräfte messen. Um motorische Unruhe abzubauen und angestauten Aggressionen positiv zu begegnen, werden ausgleichende Angebote gegenübergestellt. Unkontrolliert agieren, toben, schreien, schlagen, kämpfen sowie sich gegenseitig mit Worten oder Taten zu verletzen, werden damit eingegrenzt. Denken, sprechen, handeln und sich bewegen bilden eine Einheit.
Lieder, Reime, Fingerspiele, Kreisspiele fördern und intensivieren die Sprachentwicklung ganz besonders. Gleichzeitig bieten sie ein Klima des Zusammenseins bzw. des Zusammengehörens an und ermöglichen ein festes Band zwischen Kind und Erwachsenem zu knüpfen. Sie schaffen die Grundlage zum gegenseitigen Vertrauen, zu Wärme, Liebe und Geborgenheit. Sinnesanregungen aktivieren beide Gehirnhälften. Musik und Bewegung stoßen ein Tor zur Fantasie auf.
Im Zusammenspiel von Lautmalerei, Sprache, Musik und Bewegung werden neue Begriffe aufgenommen. Die ständige Wiederholung eines Kinderliedes stärkt nicht nur die Merkfähigkeit und das Gedächtnis, sondern animiert auch die Lust, dabei zu agieren, zu nicken, zu zappeln, umherzugehen und körperliche Übungen zu machen. Sprache und Sprechen, Denken und Bewegung stehen im Einklang durch eigenes Tun, sich selbst zu erproben: Etwas mit allen Sinnen „Be-Greifen", auszuprobieren und dabei Freude und Lust zu empfinden, fördern und entwickeln Teamfähigkeit. Sie schärfen den Gemeinschaftssinn, knüpfen Beziehungen zueinander, miteinander und untereinander und ermöglichen, Konflikte zu erkennen, anzugehen und diese zu lösen. Kinder haben ein eigenes Weltbild, sie stellen sich die Welt im Rahmen ihrer persönlichen Möglichkeiten vor. Sie denken über die Welt nach und ziehen daraus ihre eigenen Folgerungen. Kinder erleben die Welt aus dem Augenblick heraus, aber sehr intensiv und prägend. Erlebt das Kind eine Situation, so zieht es daraus seine Rückschlüsse. Immer wieder wird die gewonnene Erfahrung hinterfragt, ausprobiert, überprüft. Ungewöhnliche Lösungen werden erprobt und mit den bisherigen Ergebnissen verglichen. Neue Blickwinkel und Erfahrungswerte bilden sich. Dabei kristallisieren sich Kreativität in der Auseinandersetzung und Wahrnehmung mit der Welt heraus. Die sinnlich-ästhetische Weltanschauung und Wahrnehmung entwickelt sich. Die Schönheit der Welt verknüpft sich mit den Sinneserfahrungen von hören, sehen, fühlen, riechen oder schmecken.

Wutspiele oder Aggressionen ausleben und abbauen

Fechtrunde

Aus Zeitungspapier Wutrollen rollen oder die Seite zum langen Stab immer und immer wieder umknicken. Nun gegeneinander fechten.

Luftballon Schlägerei mit Wutluftballon

Luftballon aufblasen und unten zubinden. Einen Weidenrutenstock mit Schnur daran festbinden. Mit Edding Stift ein Wutgesicht aufmalen, dann gegeneinanderschlagen, bis ein Wutgesicht dabei platzt.

4. Sprache, Bewegung, Konflikte

Trampel-Schrei-Spiel

Auf ein Zeichen schreien und trampeln alle wie ein Kleinkind oder wütendes Ungeheuer. Auf ein zweites Signal erstarren alle in der Bewegung und sind mucksmäuschenstill. Dann geht das Spiel so lange weiter, bis keiner mehr Lust hat oder das Signal zum Spielende ertönt.

Schlechte-Wörter-Schrei-Spiel

Alle Kinder schreien sich mit verbotenen Wörtern lauthals an, wer stimmlich und körperlich nicht mehr kann, setzt sich und schaut dem Spektakel zu, bis sich der letzte Schreihals erschöpft setzt.

Toben

Auf alte Matratzen einschlagen, rumhüpfen, draufschlagen, auf Eimer oder Kartons trommeln, kleine Kartons an die Matratzenwand donnern.

Sprache, Artikulation, melodische Angebote

Rhythmus und Bewegung ...

... in Einklang zu bringen hat einen besonders starken Aufforderungscharakter. Kinder bewegen sich natürlich und spontan mit dem ganzen Körper zu Klängen und Rhythmen.

Singen bedeutet, Töne zu hören und sich zu merken. Tonabfolgen im Gedächtnis zu speichern, Melodien nachzusingen und melodische Abfolgen aus dem Gedächtnis abzurufen. Gesprochene Sprache wird entlang einer Melodie erfasst. Hände, Handgelenke und Füße, ja der ganze Körper wird von Musik erfasst. Musik hören und selbst dazu zu singen ist positiv besetzt, sie machen Freude und finden in einer entspannten Atmosphäre statt. Musik ist gut für das Immunsystem des Menschen, im Blut werden dabei mehr Abwehrkörper nachgewiesen, zeigen die neuesten medizinischen Erkenntnisse. Musik baut Stress ab, man fühlt sich wohl, sie entspannt und regt zum Träumen an.

Sprechgesang

Statt zu sprechen, wird alles spontan in Töne eingekleidet und verpackt. Diese musischen Angebote lassen Ängste und Hemmungen bei Kindern erst gar nicht entstehen. Selbst Kinder, die beim Sprechen stottern, können problemlos den Sprechgesang oder das Singen ausüben. Statt Worte zu sprechen, reihen die Kinder spontan und unbewusst Töne aneinander. „Hallo, wie geht es dir?“ „Mir geht es gut!“ „Kommst du noch zum Spielen zu mir?“ „Nein, ich hab keine Lust, ich möchte lieber mit dem Ball spielen!“ „Na gut, kann ich mitspielen?“ „Ja!“ „Also bis gleich!“

Bewegungssprache: Reden mit Händen und Füßen

Rhythmus und Musik benötigen keine Worte. Sie sind international verständlich und werden weltweit gesprochen. Rhythmus ist Bewegungssprache, sie benötigt keinen Dolmetscher. Fehlt im Sprachgebrauch Rhythmus und Melodie, wird die Sprache starr, leblos und es entsteht eine Robotersprache. Das Zusammenspiel von Sprache, Sprachmelodie, Harmonie, Gestik, Mimik und Bewegung bilden eine Einheit. Ist dieses Zusammenspiel gestört, wirken die Kinder unbeholfen, tapsig, lustlos, steif mit eckigen und ruckartigen Bewegungsabläufen.

4. Sprache, Bewegung, Konflikte

Bewegungs- und Intonationsspiel am Tisch. Was für ein Wetter

Huhh, huhhh, huhhhh, es bläst der Wind	*Stimme macht huhh*
Wolken ziehen dahin geschwind	*Hände aneinander reiben*
Die ersten Tropfen fallen ins Gras	*Zeigefinger trommeln auf den Tisch*
Der Regen macht die Erde nass	*jeder Finger trommelt einzeln*
Hagelkörnchen kommen hinzu	*mit Fingerknöchel klopfen*
Der Blitz, der gibt auch keine Ruh	*Zirr zirr rufen, Blitze in die Luft malen*
Es donnert in der Ferne	*Faustschlag und Pause*
Das haben wir nicht gerne	*rasche Faustschläge, zirr rufen*
Der Blitz schlägt ein	*Faustschlag und trampeln*
Ein Unwetter, wie gemein	*alle Geräusche zusammen*
Der Regen leis vom Himmel fällt	*leises Fingertrommeln*
Der letzte Donner erschreckt die Welt	*lauter Donnerschlag mit der Faust*
Ein letzter Blitz vom Himmel zuckt	*1 x zirr rufen und Luftblitzzeichen*
Die Sonne hinter der Wolke vorguckt	*leise ah oder oh rufen*
Ein letzter Tropfen vom Himmel fällt	*leise vereinzelt klopfen bis nur noch ein Kind leise klopft*
und frischgeputzt ist unsere Welt	*mit beiden Armen den Sonnenball in die Luft malen.*

Bewegungsspiel im Raum Naturmächte

Ich bin der Schnee und decke die Welt zu	*am Boden sich klein machen*
Ich bin der Wind und geb keine Ruh	*tanzend kreisend im Raum sich bewegen*
Ich bin der Regen, mache die Erde nass	*hocken und mit den Füßen leise klopfen*
Ich bin der Sturm, heule, das macht Spaß	*in Schlangenlinien rennen*
Ich bin der Frühling und werde gewinnen	*sich gegenseitig vorsichtig schubsen*
Ich bin der Winter, lass mich nicht bezwingen	*im Einbeinstand gegeneinander hüpfen*
Ich bin die Sonne, schein in euer Gesicht	*je 4 Kinder stehen Rücken an Rücken*
Wir sind die Blumen, recken uns zum Licht	*Hände zu Blüten formen, hochrecken*

Frage hören und Antwort in Bewegung umsetzten

Kind singt als „Lehrer“ eine Frage:
„Wer will mit mir tanzen?“ Alle die mitmachen wollen, tanzen einzeln oder miteinander.
„Ich hüpfe auf einem Bein wie ein Storch – und wer spielt mit?“
„Ich krabble wie ein Käfer und wer krabbelt mit?“
„Ich spiele den Hampelmann und wer hampelt mit?“
„Ich galoppiere wie ein Pferd und wer galoppiert mit mir?“

4. Sprache, Bewegung, Konflikte

Aufgabenspiele: Gehörten Text in Bewegung umsetzen.

Dreht euch wie ein Kreisel, bis ihr umfallt.
Tappst wie ein Eisbär auf einer Eisscholle.
Schwebt wie ein fallendes Blatt durch den Raum.
Rennt wie ein Hund, der eine Katze jagt. (Vierfüßer-Gang)
Lauft wie ein Kamel durch die heiße Wüste. (Vierfüßer, Po ganz hoch)
Begrüßt euch wie Katzen. (Krallen zeigen, Köpfe reiben)
Fliegt mit Schallgeschwindigkeit über den Himmel. (Düsenjägerlärm)
Seid ein hungriges Baby: Rückenlage, strampeln mit Armen und Beinen, Babygeschrei.
Aufgabe hören, erfassen, Geräusche einbringen und im Einklang mit Bewegung gestalten.
Abwechseln zwischen lauten und turbulenten und ruhigeren Spielanweisungen.

Der kleine Floh Fridolin: Aktionsspiel

Floh Fridolin, Floh Fridolin, krabble in den Haarschopf und verstrubble Nachbars Kopf.
Floh Fridolin, Floh Fridolin, tripple über den rechten Arm und über den linken mit Alarm.
Floh Fridolin, Floh Fridolin, heb ein Bein, dann beide Beine, dann lass es sein.
Floh Fridolin, Floh Fridolin, laufe durch den Raum geschwind und zwicke zärtlich ein Kind.
Floh Fridolin, Floh Fridolin, springe viermal rauf und runter, lache laut, bis alle munter.
Floh Fridolin, Floh Fridolin, flüchte schnell und rette dich, leise unter einen Tisch.
Floh Fridolin, Floh Fridolin, siehst du das? Da kommt die Susi, ahnst du was?
Floh Fridolin, Floh Fridolin, hüpf auf ihren Rücken nun um sich dann gut auszuruhen.
Floh Fridolin, Floh Fridolin, schlaf eine Runde und schnarch auf deine Weise.
Floh Fridolin, Floh Fridolin, und auf geht es zur Weiterreise.

Die Drachen Hans und Franz: Beidhändiges Daumenspiel.

Zwei Drachen gehen und fauchen	*Daumen nach oben strecken, gehen*
Sie wollen im See baden und tauchen	*Daumen tauchen ab*
Da sieht der eine den andern nun	*aufeinander zu schwimmen*
Verblüfft halten sie an, was sollen sie tun?	*starr stehen bleiben*
Sie begrüßen sich und nicken sich zu	*zunicken, verbeugen*
Berühren und umarmen sich im Nu	*Daumen über Kreuz*
„Gestatten“, ruft der rechte, „ich bin Hans.“	*wackeln*
„Gestatten“, ruft der linke, „ich heiße Franz.“	*sich tief verbeugen*
Hans sagt: „Ich bin der beste Taucher der Welt.“	*umkreist Franz*
Und Franz ruft: „Drei Köpfe an mir zählt.“	*Hans zählt laut 1-2-3*
Hans flüstert: „Ich bin so allein.“	*Daumen senkrecht kreisen lassen*
Und Franz wispert: „Dann lass uns zusammen sein.“	*Köpfe berühren sich*
„O ja“, rufen beide „für alle Zeit.“	*Daumen schmiegen sich aneinander*
„Für immer und ewig, wir sind bereit.“	*Daumen nebeneinander weglaufen*

Wir sind Kinder einer Welt – Bestell-Nr. 12 908

4. Sprache, Bewegung, Konflikte

Berührende Hände. Beide Hände agieren interaktiv.

Schnubbel di schnapp, wippel die wapp	*Finger schnipsen*
Dippeldidipp und dippeldidapp	*alle Fingerkuppen berühren sich*
Ruckediguck und guckediruck	*Finger in die Handfläche beugen*
Trappeldidumm, rundherum	*Finger recken sich fächerartig*
Zizibumbum fideldidum	*jeder Finger verbeugt sich einzeln*
Tocke tacke tucke-tuck	*Finger trommeln auf den Tisch*
Dripp drapp drein, o wie fein	*ein Finger geht nach dem andern*
schnurri di bum, tum tum tum	*Hände gehen nach rechts und links*
bibbel bubbel bam bam dam	*verstecken sich hinter dem Rücken*

Gedicht Präposition: Spiel mit Kuscheltier und Mütze.

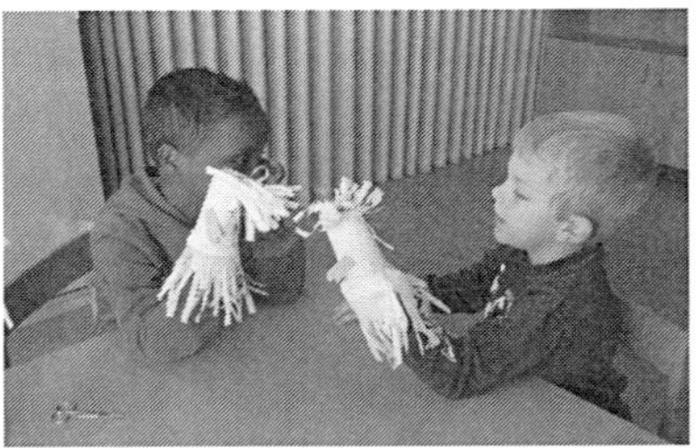

Das ist der Schnuffi, mein Lieblingstier, er ist heute bei mir im Kindi hier.

Schaut, was er alles kann und tut, blitzschnell versteckt er sich unter meinem Mützenhut.

Nun huscht er nach rechts, dann nach links, setzt sich davor, dann dahinter geschwind.

Er springt gar darüber, wie mutig er ist, dann hoch in die Luft, der kleine Wicht.

Er flitzt rückwärts, dann um die Mütze herum. Jetzt vorwärts, mein Schnuffi ist nicht dumm!

Außer Atem, keuchend schnell, ruht er sich aus mit leisem, zufriedenem Gebell: Wau, wau.

Tipp: Mit leisem Tierlaut zum Abschluss.

Sprachförderung

Spiele und Lernsituationen sollten einen großen Aufforderungscharakter ausstrahlen. Das Kind entdeckt dabei die Notwendigkeit, Sprache einzusetzen und anzuwenden. Es erfährt, dass es sich nicht nur mit Schreien, Lallen, Lauten oder Gebärden verständlich machen kann, sondern mit Hilfe der Sprache seinen Forderungen Nachdruck verleiht. Sein gesteigertes Mitteilungsbedürfnis kann es nur mit Hilfe des Mediums Sprache verdeutlichen. Dabei erobert es sich die Welt Schritt für Schritt. Es lernt diese zu verstehen und sich in ihr zurecht zu finden. Sprache als ganzheitliche Anregung und Forderung in Begleitung aller Aktivitäten. Sie bilden ein Band um Sprache mit seinen Feinheiten, zu erlernen und anzuwenden.

Förderelemente durch Bezugspersonen:

- Das Kind immer ansehen, wenn man mit ihm spricht.
- Dabei den Augenkontakt aufbauen und halten.
- langsam und deutlich sprechen
- kleine Sätze bilden
- Das Kind sollte auch auf diese Sätze Reaktionen zeigen.
- Fehlerhaftes Sprechen nicht direkt verbessern, sondern in einem eigenen Satz richtig verpacken: Du meinst wohl, wir sollten den Teddy heute nicht waschen?
- Schwierige Laute, Begriffe, Satzmuster in vielfältige Spielangebote wie Rollenspiel, Zuordnungsspiele, alltägliche, kleinere Gespräche: üben – üben – üben.

4. Sprache, Bewegung, Konflikte

Die menschliche Stimme klingt und interpretiert Gefühle

Müde, traurig, interessant, überheblich, ärgerlich, nachdenklich, freudig, fragend, ungeduldig ... verdeutlichen Gefühle. Die Stimme kann dem Lebensalter zugeordnet werden: Babystimme – Kindergartenkind – Jugendlicher im Stimmbruch – Mädchen – Junge – Frau – Mann – Erwachsener – alte Menschen. Die Stimme wird unterbrochen durch Pausen wie ähm, Wortwiederholungen aber auch stottern und stammeln.

Dialogische Sprechformen

- Fragen stellen und eine Antwort geben oder erhalten
- Stegreifspiel, Theaterspiel, telefonieren, Puppeneckengespräche, sich unterhalten
- Handpuppenspiele, Ratespiele, Rollenspiele, Gesellschaftsspiele, Kreisspiele
- Etwas planen (Planspiele) und die Aufgabenfelder festlegen und besprechen
- Sachbegegnungen zu einem Thema: Verbalisieren von Gesehenem, Gehörten
- Vermutungen äußern, Lösungsstrategien entwerfen, Vorwissen einbringen
- Beobachtungen machen, Erfahrungen einbringen

Angebote können sein

- Wir erfinden Unsinniges: *Heute habe ich mich mit dem Telefonhörer geduscht.*
- Konzentrationsspiele: *Was fehlt in der Reihe, wo ist der Zwillingspartner?*
- Wörterbasteln und nachsprechen: *Kanitukilibum, aritutikolusseum*
- Reime ergänzen: *Tief im Schnee da steht ein? Reh.*
- Wörter trennen: *Feuerwehrauto in Feu-er-wehr-au-to und dabei trampeln.*
- Unterschiede erkennen und genau hinhören: *Beeren und Bären*
- Frage und Antwortspiele: *Welche Farbe hat deine Hose? Meine Hose ist blau.*
Ist die Tomate blau, rot oder lila? Die Tomate ist rot.
- Sätze ergänzen: *In die Schule gehe ich gerne, weil ...*
- Wer kennt ein Wort, das mit einem A beginnt?
- Ratespiele wie Geräusche raten, Berufe raten, Tierstimmen raten
- Basteln, malen, konstruieren, musizieren, Theater spielen
- Reporterspiele: Was passiert gerade in der Bauecke?
- Briefe diktieren, Geschichten erfinden
- Ratespiel: Ich sehe etwas das du nicht siehst und das ist ... grün.
- Ein Bild, eine Quartett-Karte beschreiben, ohne den Gegenstand zu verraten.
- Rätsel erfinden: Ich kenne ein Tier, das keine Beine hat und gefährlich ist: Schlange.
- Augen schließen und berichten, was man hört.
- Ich sage dir, was ich an dir besonders gerne mag – oder nicht leiden kann.
- Fantasiereise: Wenn ich ein Zauberer wäre, dann würde ich ...
- Selbstgespräche führen: Alles, was man macht, kommentieren.
- Anweisungen an den Partner geben: Hole bitte einen roten und grünen Farbstift.
- Dinge im Zimmer einsammeln, diese besprechen und wieder richtig zurückräumen.
- Gegensatzspiel: Alle Kinder sind Hunde – aber alle Kinder miauen.
- Mache es richtig: Das Fahrrad kann hupen: Das Auto kann hupen, das Fahrrad klingelt.

4. Sprache, Bewegung, Konflikte

- Spielsachen unter dem Tuch ertasten und sagen, was es ist.
- Dem Nachbarn ein langes Wort ins Ohr flüstern und der wiederholt es laut.
- Drei Karten ziehen und dazu eine kleine Geschichte erfinden.
- Ein Wort/kurzer Satz stumm sprechen: Wer übersetzt ihn in Sprache: Du bist großartig.
- Einem Kind eine Form auf den Rücken malen. Was habe ich gemalt?
- Quartett-Karten erbitten: Ich suche den Hund. Hast du ihn?
- Sprachkarten mit schwierigen Lauten herstellen, eine ziehen und einen Satz bilden.
- Streitspiel: Zwei Kinder streiten sich um ein Auto / wer aufräumt / um das letzte Bonbon ...
- Marktschreier: Zwei Kinder wollen ihr Spielzeug verkaufen und locken Käufer an.
- Meine Hände, Füße, Augen können ... Satz ergänzen und Lösung spielen.

Wir erproben unsere gemeinsame Sprache: Deutsch

Das kostenfreie Angebot, innerhalb des Vormittages wöchentlich an einem „Mama lernt mit ihrem Kind Deutsch in der Einrichtung“ teilzunehmen, war etwas ganz Besonderes. Dabei erkunden die Mütter auch unsere Lernspiele und dürfen diese auch, zeitlich begrenzt, mit nach Hause nehmen und dort in der Familie erproben. Unser Motto lautet: „Komm, ich zeige dir, wo und wie ich spiele und lerne.“

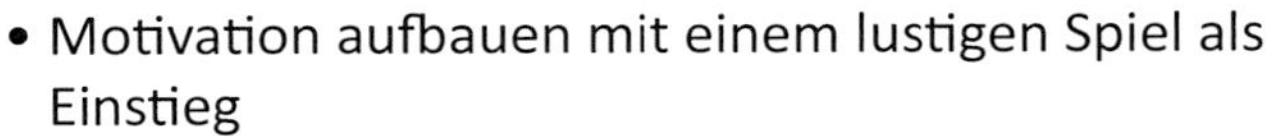

- Motivation aufbauen mit einem lustigen Spiel als Einstieg

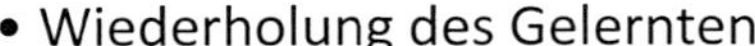

- Wiederholung des Gelernten
- Schwierigkeiten besprechen und üben
- Lösungen erproben, zuhören, eigene Sprachversuche
- Spielerische Bearbeitung des vorbereiteten „Stoffes“ durch handlungsorientiertes Tun
- Reproduktion des Gelernten und Kontrolle der neuen Angebote
- Sprache in der Praxis anwenden: Sprechen, sprechen, sprechen

Spielangebote

Ich spiele als Pädagoge immer mit und in den ersten Stunden bin ich auch immer der erste Spieler und führe die Spiele ein. Neue Spiele erhalten grundsätzlich zuerst eine Probephase, um mit der Spieltechnik oder den Spielregeln vertraut zu werden und um Sprache experimentell auszuprobieren. Während der Spielzeit bin ich genauso eine „Mutter“ wie alle anderen, mache möglichst auch einmal einen Fehler oder „vergesse“ etwas.

Am Ende der Stunde stelle ich den Inhalt der nächsten Stunde vor, sodass sich Kinder und Eltern darauf einstellen und freuen können. Viele Spiele stellen wir selbst her, die Eltern kopieren meine Vorlagen und kleben sie auf kleine Karteikarten auf. Zu Hause spielt oft die ganze Familie damit.

Die ersten Spiele sind Spiele mit dem Ball: Ich heiße, ich sehe, ich esse, ich mache ...

Dabei wird der Ball einem Partner zugeworfen. Die ersten Satzmuster werden erprobt.

Als Frage-Antwort-Spiel: Ich sehe ein Buch und was siehst du?

Dinge aus dem Puppenhaus oder Kaufladen verschwinden unter einem Tuch. Man muss einen Gegenstand abtasten, und sagen, was es ist: Das ist ein Tisch, ein Messer, ein Brot ...

4. Sprache, Bewegung, Konflikte

- Es folgen Spiele zu Farbnamen, Zahlbegriff, Formen oder Oberbegriffen usw.
- Bilder und Bilderbücher werden angeschaut und Bilder dann beschrieben.
- Wir lernen kleine Reime, Fingerspiele oder Zungenbrecher.
- Wir knacken Rätsel aus der Rätselbüchse und erfinden eigene Rätsel.
- Wir spielen Spiele aus dem Unterricht: Ich sehe eine Farbe, Hänschen Piep ...
- Wir basteln etwas und singen Lieder in der Klasse.
- Gesellschafts-, Kreis- und Bewegungsspiele gehören ebenfalls dazu.

Auf Karten

- stehen Gegensatzwörter wie groß und ... klein, schwarz und ... weiß.
- Ein Bild von einem Tier soll beschrieben werden.
- Aus zwei Bildern wird ein Wort gebaut: Apfel – Baum.
- Reimworte: Maus – Haus: Bilde einen Satz.
- Teekesselspiele: Erkläre das Wort Drache als Untier und Drache aus Papier.
- Erfinde ein Unsinnswort: Giraffen-Flosse und erkläre beide Begriffe.
- Aus drei gezogenen Spielkarten eine Geschichte legen und „vorlesen“.

Es hat sich was verändert

Ein Kind zieht den Schuh der Mutter an, setzt die Brille des Lehrers auf, es werden Pullis vertauscht, der Junge hat plötzlich eine Perlenkette um den Hals, das Mädchen eine Krawatte, der Lehrer hat seine Uhr als neuesten Ohrschmuck umgehängt. Alle haben Mützen auf.

Welche zwei Gegenstände wurden vertauscht?

In einer Reihe liegen zehn Dinge. Welche beiden haben die Plätze getauscht. Im Kreis liegen 10 Dinge durcheinander. Eines wird weggenommen. Welches fehlt?

Pantomime: Mit seinem Körper sprachfrei agieren.

Welchen Beruf stelle ich dar? Welches Tier bin ich? Welches Instrument spiele ich?

Bilder ergänzen

Jeder hat fünf leere Spielkarten und malt fünf unfertige Dinge darauf. Wer erklärt, was fehlt und wozu dieses Detail wichtig ist, z. B. Auto ohne Räder, Kind ohne Arme, Katze ohne Schwanz. Man kann auch Dinge malen und jeder Mitspieler muss das Bild unfertig nachzeichnen. Was wurde vergessen?

Weitere Sprachspiele

- Wer bildet einen Satz aus den drei Worten: Kochen – Oma – Spaghetti?
- Händespiel: So tun, als ob man droht, klatscht ... Wann macht man diese Geste?
- Mimik: Blinzeln, weinen, gähnen usw. Wann mache ich dies und warum?
- Das verlorene Ende: Spielleiter erzählt eine ganz kleine, spannende Geschichte oder beginnt einen spannenden Satz. Leider ist das Ende der Geschichte verloren gegangen. Wer beendet den Satz, die Geschichte?
- Worte erklären: Was bedeutet das Wort Schule, Fernsehen, Urlaub. Was macht man da?
- Wortergänzungen: Kinder-XXX? Kinderwagen, Kinderbett, Kinderbuch ...
- Anlaute bilden, Worte suchen: M-M-Monika, M-M-Maus, M-M-Mama

KOHL VERLAG Wir sind Kinder einer Welt – Bestell-Nr. 12 908

4. Sprache, Bewegung, Konflikte

Ende der Sprachstunde

- Jede Stunde endet mit einem Wunschspiel. Eltern und Kinder erfinden neue Spielregeln oder ein eigenes Spiel.
- Ohne die Kinder wird beim „Tschüss“ sagen kurz besprochen, was den Müttern besonders viel Spaß machte, was zu schwierig war, ob weitere Hilfe gewünscht wird.
- Eltern und Kinder wählen im Wechsel ein Wunschspiel für die nächste Stunde aus.
- Eltern bringen ihre Spiele, ihre Lieder, Geschichten von zu Hause mit, wir erproben sie.
- Eltern leihen sich Spiele, Bücher, Bastelmaterialien, Faltblätter und erproben sie.
- Über alle gehaltenen Stunden erhalten die Eltern tags darauf ein Stundenprotokoll.
- Zu Hause sollte täglich wenigstens 15 Minuten eines der Spiele trainiert werden.

5. Aktive Kennenlernspiele

Spielanregungen mit einem Ball – möglichst Softball. Im Stuhlkreis oder auf dem Boden auf Teppichbodenfließen sitzen. Die Spiele kann man auch im Stehen oder Kniesitz spielen.

- Muh, muh, muh, das ist die ... Einem Kind den Ball zuwerfen, es antwortet: Kuh. Dann den Ball einem anderen Mitspieler zu werfen mit einem neuen Tierlaut.
- Stimmvariationen: Alle Spieler sind Frösche – oder ein anderes Tier. Der Tierlaut soll ausdrücken, wie sich das Tier gerade fühlt: müde, hungrig, wütend ...
  Quak quak ruft das Kind leise und wirft einem anderen den Ball zu. Dieses antwortet piepsend mit quak quak und wirft den Ball weiter, der Nächste ruft erstaunt quak ...
- Echospiel: Ein Tier nennen, den Ball jemanden zuwerfen. Dieser nennt das Tier noch einmal, sagt ein neues Tier, wirft den Ball einem anderen zu.
- Namenspiel: Ich heiße Berkay und wie heißt Du? Den Ball zuwerfen. Der Nächste spricht: Ich heiße Amelie und wie heißt du?
- Quatschsätze: Ich heiße Tomatensoße und wie heißt du? Ich heiße Badewanne und wie heißt du?
- Laute erfinden: Ich heiße kitatu und wie heißt du? Ich heiße bäramamä und wie heißt du?
- Ich bin ein Auto und was bist Du? Brumm brumm und ich bin ein Schweinchen und was bist du? Grunz, grunz und ich bin eine Eule und was bist du? Schuhu, schuhu und ich ...
- Ich wohne in der Bergstraße und wo wohnst du?
- Ich bin sechs Jahre alt und wie alt bist du?
- Ich esse am liebsten Pommes und was magst du?

Spiel „Wollknäuel im Kreis“: Unser großes Spinnennetz

Diese Spiele kann man auch mit einem Wollknäuel spielen. Wer den zugeworfenen Wollknäuel fängt, hält den Faden fest und wirft den Knäuel einem anderen zu. Langsam entsteht ein mächtiges Spinnennetz. Nun wird das Knäuel rückwärts aufgespult, bis das Spinnennetz aufgelöst ist. Bei jüngeren Kindern wird der Wollfaden um ein Bein geschlungen, sodass die Hände zum Werfen und Fangen frei bleiben.

Tipp: Weitere Wurfgegenstände können Luftballon, japanische Papierbälle, Tennisringe, eine kleine Kartoffel, ein Tischtennisball usw. sein, je nach Geschicklichkeit der Kinder.

5. Aktive Kennenlernspiele

Und noch mehr Aktionsspiele

Gruppen bilden

Mädchen rufen Jungs, Kinder mit Brille rufen Kinder ohne Brille, Kinder mit hellen Haaren rufen Kinder mit dunklen Haaren usw.
Wort-Ruf-Spiel: Eine Gruppe ruft gleichzeitig unterschiedliche Namen der Kinder aus der anderen Gruppe. Wer seinen Namen identifiziert, geht zu seinem Rufpartner.
Tipp: Buchstabenspiel: Den Namen des Kindes buchstabieren: P-E-T-E-R

Kichernde Moorhexe

Ein Kind erhält heimlich vom Spielleiter eine kleine Perle und wird so zur Moorhexe bestimmt, die immer wieder unvermittelt einmal kurz im Raum kichert. Wer entdeckt sie zuerst? Dann erfolgt ein Rollentausch.

Klein-Adlerauge: Reaktionsspiel am Tisch

Die Kinder am Tisch nehmen einen Bleistift in die rechte Hand und halten diesen in die Tischmitte. Ein Gruppenkind wird als Klein -Adlerauge ausgewählt, (oder reihum spielen), lässt seine Hand über alle ausgelegten Stifte kreisen und versucht, durch rasches Zuschlagen einen Stift zu schnappen. Wer erwischt wird, scheidet aus.

Variante 1: Mit beiden Händen je einen Stift in die Mitte halten.
Variante 2: Klein-Adlerauge nennt eine Stiftfarbe z. B. Blau. Nun darf nur ein blauer Stift abgeschlagen werden.
Variante 3: Er kann natürlich auch zwei oder drei Farben benennen.

Sprachloses Regen-Prasselt-Spiel

Material: Farbstifte in Rot – Orange – Grün.

Absprache vereinbaren. Daumen hochrecken: Stift schnappen und hochhalten. Handfläche zeigen: Startbereit machen. Faust zeigen: Stifte auf die Tische fallen lassen. Sprechen verboten!

Durchführung: Der Pädagoge – oder ein Kind – benennt ein oder zwei Ampelfarben, die mitspielen und gibt dann die Hand-Zeichensprache vor. Tempi variieren, damit es leicht regnet bis zum Regenprasseln oder gar Hagelschlag.

Gold und Silber lieb ich sehr: Kreisspiel: Reaktionsspiel

Ein Kind steht als König in der Kreismitte. Alle anderen Kinder bilden die Schlossmauer um ihn. Sie rufen: „König, König, ich bin in deinem Land, hole Gold und Silbersand." Die Mauerkinder verständigen sich durch Blickkontakte untereinander, wer durch den Rundkreis zur anderen Seite wechselt. Wer vom König dabei erwischt wird, scheidet aus – oder wird ebenfalls König.

Glühwürmchen: Spiel im Dunkeln

Abgedunkeltes Zimmer, Taschenlampen: Reaktion, Geschicklichkeit

Durchführung: Ein oder mehrere Kinder sind Nachtjäger. Alle anderen sind Glühwürmchen und blinken hin und wieder mit ihren Taschenlampen. Alle laufen, krabbeln, huschen im Klassenzimmer zwischen Tischen und Stühlen umher. Wer vom Nachtjäger erwischt wird, scheidet aus.

5. Aktive Kennenlernspiele

Sein Heimatland entdecken

Auf dem Globus/der Weltkarte nachsehen oder in eine selbst entwickelte Weltkarte sein Fähnchen hineinstecken. Aus Werbung gemeinsam ein Länderplakat gestalten (Reisebüro Kataloge sammeln) und ein Länderplakat basteln. Bilderbücher: „Wo die Kinder der Welt leben." Aus der Bücherei ausleihen oder die Kinder bringen Bildbände aus ihrem Heimatland mit. Eltern sind auch immer gern gesehene Gäste, sie bringen uns ihr Land persönlich näher. Wir lauschen ihrer „fremden" Sprache und entdecken, wie schön sie klingt. Manche Mütter kochen mit uns, wir lauschen und lernen ihre Zahlen, ein kleines Lied, hören ein Gedicht, das ins Deutsche übersetzt wird.

Ich heiße ... und wie heißt du?

Mit einem selbst geknuddelten Zeitungspapier oder Alufolienball agieren: Wir prägen uns die Namen der Kinder in der Gruppe ein: „Ich heiße Peter und wie heißt du?" Den Ball einem anderen Kreiskind zuwerfen, zurollen, auffangen, sprechen oder weiterwerfen.

Silben- und Namensspiel: Mit der Stimme spielen

Kindernamen rhythmisch sprechen – laut, leise, fragend, ängstlich: Pe-ter. Sprechen mit Koordinationsaufgabe: Pe-ter und dazu klatschen. Den nächsten Namen nun patschen, trampeln, winken, poltern, klopfen.

Massagespiel Kuchen backen

Vertrauen, Konzentration, Sprachtraining
Ein Kind legt sich auf den Bauch, ein zweites Kind kniet daneben. Der Spielleiter erzählt dazu die Geschichte oder spricht Satz für Satz den Text vor, während die Kinder diese Sätze als Echospiel wiederholen und dabei agieren. „Wir backen heute einen Kuchen". Alle sprechen den Satz nach. „Zuerst werden die Eier aufgeschlagen": nachsprechen, Kinderrücken massieren. „Dann die Butter unterrühren": Faust macht Rührbewegungen. „Nun kommt das Mehl hinzu": Patschen. „Alles gut verrühren": Finger laufen über den Rücken. „Probieren": Finger stupsen. „In den Ofen schieben". Kind knuddeln. „Aus der Form lösen". Kind kitzeln. „Aufessen": Hand-Küsschen geben.

Rasseln und Trommeln bauen

Material:	Dosen mit und ohne Deckel, kleine PET-Faschen mit Verschluss. Gestaltungsmaterialien, Klebstoff, Schere. Füll-Materialien wie Reiskörner, Sand, Steinchen, Grieß, getrocknete Erbsen. Gefäße außen gestalten, füllen und losmusizieren.

5. Aktive Kennenlernspiele

Klangspiel mit Orff oder selbstgebauten Instrumenten

Ein Regenschauer/Gewitter: Konzentration, Merkfähigkeit

Durchführung: Alle Kinder sitzen auf dem Boden im großen Kreis. Ihre ausgewählten Klanginstrumente halten sie in der Hand. Hält der Spielleiter beide Arme ruhig am Körper, ist es ganz still. Je weiter er seine Arme nach oben hebt, desto lauter und wilder wird die Musik. Sind beide Arme oben und berühren sich, tobt ein Unwetter. Sinken die Arme, wird die Intonation leiser, werden die Arme wieder angehoben oder gesenkt, wird die Intonation lauter oder leiser. In raschem Wechsel die Signale erkennen, speichern und in Lautmalerei übertragen.

Regenbaum Geschichte: mit den Kindern erarbeitet – Hören und Textverständnis.

Jeden Tag regnete es. Jeden Tag und jede Nacht. Da begannen die Menschen schrecklich zu schimpfen: „Wir haben vom ewigen, doofen Regen genug. Wir wollen, dass die Sonne scheint!" Da begann sich der Regen zu schämen und versteckte sich in den Zweigen und Blättern in einem großen alten Baum, der auf einem hohen Berg stand. Die Menschen waren froh, endlich den Regen los zu sein. Sie freuten sich über die Sonne, gingen schwimmen, leckeres Eis essen und vermissten den Regen kein bisschen. Doch dann sahen sie, dass die Blumen durstig ihre Köpfe hängen ließen, das Getreide auf den Feldern vertrocknete und das Schwimmbad wurde wegen Wassermangel geschlossen. „Hoffentlich regnet es bald wieder." seufzten die Menschen. Doch es regnete nicht. Langsam wurde überall das Wasser knapp. Und da begannen die Menschen, den Regen zu suchen. Doch sie fanden ihn nicht. Eines Tages wanderten die Kindergartenkinder auf einen Berg. Ja, genau auf den Berg, auf dem sich der Regen versteckt hatte. „Schaut mal, oben auf dem Berg steht ein glitzernder wunderschöner Baum." riefen die Kinder und liefen den Berg hinauf. Die Sonne leuchtete in die Tausende von Wassertropfen, sodass sie funkelten und glitzerten wie Edelsteine. In Silbern, Gold, Rot und Violett schimmerten und leuchteten die Blätter und Zweige. „Das kann nur ein Regenbaum sein." riefen die Kinder und umtanzten den Baum. „Regen, Regen, wir haben dich gefunden." jubelten sie glücklich. Und aus seinen Zweigen tropften die kühlen Regentropfen herunter. Da baten die Kinder: „Bitte, lieber Regen, komm wieder zu uns zurück, wir brauchen dich doch so sehr." Da war der Regen sehr glücklich und froh und marschierte mit den Kindergartenkindern den Berg hinunter und musste allen feierlich versprechen: „Ich werde mich nie wieder verstecken."

Rhythmische Musik und Bewegung

Material: Orff-Instrumente, Geräuschinstrumente, Tamburin für den Spielleiter

Bei den Tieren im Wald

Durchführung: Jedes Kind wählt sich sein Wunschinstrument aus und stellt sich als Tier vor: „Ich bin ein Hase und hopple durch die Welt." Und nun lässt er sein Hoppeln rhythmisch erklingen. Haben sich alle Tierkinder vorgestellt laufen sie mit ihren Instrumenten durch den Raum-Wald. Dabei gibt das Tamburin das Tempo und die Lautstärke vor. Wird dies leiser und leiser schleichen die Tierkinder zum Kreis zurück, stellen ihr Instrument auf den Boden, kringeln sich ein und schlafen leise schnarchend ein. Ist auch das Tamburin eingeschlafen und es ist ganz still, öffnen die Kinder ihre Augen, recken und strecken sich, stehen langsam auf, suchen sich ein anderes Instrument und das Spiel beginnt von vorne.

KOHL VERLAG Wir sind Kinder einer Welt – Bestell-Nr. 12 908

5. Aktive Kennenlernspiele

Silben-Wort-Spiele

Papa: Zwei-Silben

Begriffe rhythmisch sprechen und sich bewegen: Dazu aufstehen, tanzen, sich setzen, Kniebeugen machen, winken, hüpfen, laut und leise intonieren, in Stimmungslagen darbieten wie ängstlich und mutig, schüchtern und aufmüpfig, traurig und fröhlich, lachend und weinend. Beispiel: Pa-pa: zwei Silben: Pa = aufstehen, pa = setzen.

Hallihallo: Vier Silben Wortspiel

Wort in vier Silben sprechen: hal-li-hal-lo. Dann den Begriff sprechen und dazu klatschen. Nun sprechen, klatschen und wie ein wütendes Trampeltier dazu stampfen. Zum Schluss sprechen, klatschen, stampfen und mit dem Popo dazu wackeln.

Kowatschewitsch: Vier Silben Wortspiel

Ko = auf einem Bein stehen bleiben. Wa = über dem Kopf in beide Hände klatschen, tsche = brüllen, witsch = flüstern. Dabei noch beliebige Armbewegungen hinzufügen.

Komm mal her: 3 Silben Satz

Jedes Wort immer lauter, drohender, flehender, bittender, befehlender ... rufen. Dazu mit den Armen, Fäusten und dem Gesicht Drohgebärden hinzufügen.

Tipps: Erstes Wort intoniert ein Kind, zweites alle Mädchen, drittes die ganze Gruppe. Oder den Satz singend, weinend, schlotternd vor Angst intonierend darbieten und dabei, hochspringen und/oder tanzen. Alternativ: Als Roboter, feine Dame oder Baby musizieren, sich im Raum bewegen oder am Tisch spielen.

Biberburgenbaumeister: Sieben Silben.

Wort sehr langsam, silbenbetont, dann immer schneller und schneller sprechen (Wortsalat). Nun mit betonter, langsamer, übertriebener Mimik artikulieren. Beim Wortspiel nach Belieben sich im Raum orientieren, dabei händeschüttelnd sich zuwinken und sich begegnen. Bei Bedarf auf Stühle steigen, unter Tischen durchkriechen, Raum-Hindernis-Parcour durchlaufen. Oder sich zum Kreis anfassen, Darstellung festlegen und zur Kreismitte/nach außen gehen, schreiten.

Abschlussspiel: Alle Kinder bauen mit sich selbst eine halbrunde Biberburg oder stapeln mit allen erreichbaren Büchern und Heften einen Biberturm.

Feuerdrachen Gedicht hören, sprechen und darstellen.

Zeile für Zeile vorlesen, sprechen und Bewegungen, Action einbauen.

Feuerdrache Ching-Mai-Chu

Ich bin der Feuerdrache Ching-Mai-Chu	*Feuerspuckgeräusche*
und gebe heute keine Ruh.	*mit den Füßen trippeln*
Ich verwandle mich in jedes Ding	*Windgeräusche*
hört nur, wie ich nun so kling:	*psst flüstern, Finger an den Mund legen*
Als Düsenjäger donnere ich durch den Raum	*als Düsenjäger den Raum erkunden*
die Wände beben, ich bin ein Trampeltiertraum.	*so laut man kann trampeln*

5. Aktive Kennenlernspiele

Als tödliche Fliege surre ich, um euch zu stechen,	*surren, Kinder mit Finger anstupsen*
jetzt hab ich Spaß am Gespenster erschrecken.	*Gespenstergeheule*
Oder ich fechte als mutiger Ritter nun los	*imaginär mit Luftgeist fechten*
als Schattenspielboxer bin ich weltmeistergroß.	*Schattenboxen initiieren*
Wie wär´s mit mir als blutrünstiger Tiger?	*angreifender Tiger*
Ich brülle, schlag euch mit meinen Tatzen nieder.	*Tatzen ausfahren, schrecklich brüllen*
Als hungriges, schwimmendes Krokodil	*Vierfüßer robben auf dem Boden*
schwimme ich lautlos im eiskalten Nil.	*Schwimmbewegungen*
Als Menschenaffe erobere ich jeden Tisch-Baum,	*Schuhe ausziehen, auf Tisch klettern*
lause mich schreiend, rase durch den Raum.	*affenartig Raum erkunden*
Genug, unser Lehrer ist außer Puste schon.	*laut hechelnd atmen*
Auf die Stühle, wir sitzen wie auf einem Thron	*schnell, leise auf die Stühle setzen*
wir klatschen, stampfen, kreischen ganz laut	*klatschen, stampfen, kreischen*
mucksmäuschenstill an die Tafel geschaut.	*oder ins Buch, Heft*

Glas-Plumps Musik

Material: Marmeladengläser, kleine Kieselsteine, Handtuch, Wasser

Spiel 1: Gläser beliebig hoch mit Wasser anfüllen und aus unterschiedlichen Höhen nacheinander den Stein/die Murmel hineinplumpsen lassen. Tonhöhe identifizieren wie hell, dunkel, leise, laut.

Spiel 2: Aus den leise oder laut klingenden Tongläsern Gruppen bilden. Steine einzeln oder auf ein Zeichen gemeinsam hineinfallen lassen.

Spiel 3: Tonleiter herstellen, Spiel, Handtuch zum Abtrocknen.

Klangmusik oder Geschirr Orchester

Material: Topfdeckel aller Größen, Murmeln, Steine, Löffel, Schneebesen, Glasschüsseln, Töpfe

Spiel 1: Topfdeckel aufeinander, gegeneinander wie beim Fechten schlagen.

Spiel 2: Topfdeckel auf Töpfe sausen lassen, sie mit Schneebesen, Esslöffel anschlagen und zum Klingen bringen.

Spiel 3: In Glasschüssel, mehrere Murmeln, Körner, Steinchen kreisen lassen und meditieren.

Spiel 4: Klangmusik in Büchsen und anderen Gefäßen erkunden.

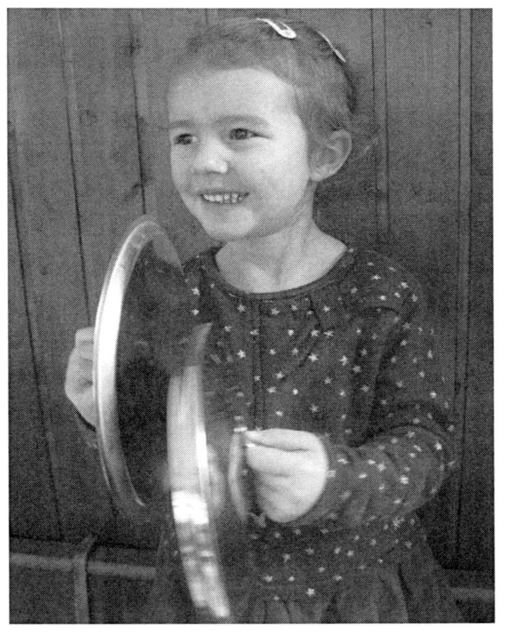

KOHL VERLAG Wir sind Kinder einer Welt – Bestell-Nr. 12 908

6. Sprache hören und verstehen

Quiz-Rätsel-Karten

Material: Karten oder Tonpapierstreifen, Stifte

Spiel: Fragen zu einem Begriff sammeln. Dazu drei mögliche Antworten auf die Karte oder den Streifen notieren, eventuell zur Kontrolle auf der Rückseite, in Spiegelschrift oder auf dem Kopf. Wächst der Apfel ...: A an einem Strauch / B in der Erde oder C an einem Baum? Kann ein Igel fliegen, hüpfen oder klettern? Braucht man das Ohr zum hören, schlafen oder wackeln?

Tipp: Je nach Alter der Kinder oder Unterrichtsbereiche Fragen und auch witzige mögliche Antworten in der Gruppenarbeit sammeln.

Schreiben und malen als Experimente

Zeitungsbuchstaben

Material: Tonpapier, Kleister, Zeitungsseite

Durchführung: Buchstabe auf Tonpapier mit Kleister aufmalen und mit Zeitungsschnipsel oder Zeitungsrollen belegen.

Tipp: Eine ABC-Buchstabenkarawane an der Wand arrangieren.

Knuddel-Botschaften

Material: Zeitungspapier, Krepppapier, Seidenpapier, kleine leere Schälchen, Kleister, Tonpapierstreifen

Spiel 1: Aus dem Papier kleine Teile abreißen, mit den Fingern kleine Kugeln formen und in den Behältern nach Farben sammeln. Mit Kleister seinen Namen formen, und die Kugeln darauf auflegen.

Spiel 2: einen Satz ausdenken, jeder gestaltet *ein* Wort des Satzes

Spiel 3: Wörter einer kleinen Geschichte, eines Reims oder Gedichts notieren. Die Einzelwörter verteilen. Jeder gestaltet sein Wort auf Tonpapierstreifen. Daraus dann das Gedicht, den Reim bzw. die Geschichte gemeinsam zusammenbauen.

Spiel 4: die Braille Punkte-Blindenschrift erkunden

Tier ABC

Material: Tiersticker oder aus Illustrierten ausgeschnittene Tiere, Tonpapier, angerührter Kleister, Pinsel

Durchführung: Tiere zu jedem ABC-Buchstaben suchen und benennen. Berichten, was man über das Tier weiß und auf dem Tonpapier anordnen.

Spiel: Wer findet zuerst ein Tier, das mit A beginnt? Erzählen, wo das Tier lebt, ob es gefährlich oder ungefährlich ist und was das Kind darüber weiß. Es pantomimisch darstellen.

6. Sprache hören und verstehen

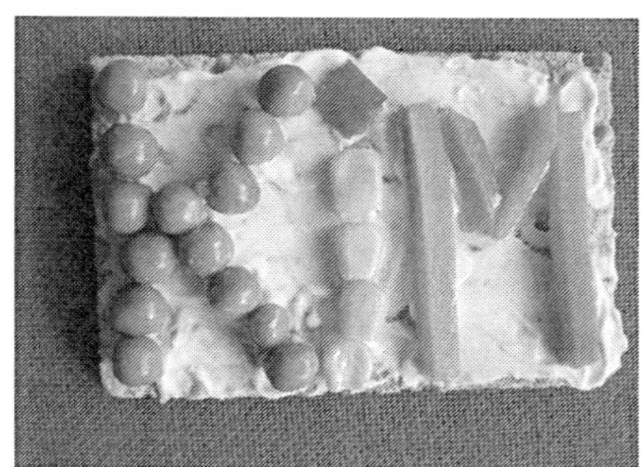

Namensbrote belegen und genüsslich verzehren

Material: Knäckebrot, Brotaufstrich, Erbsen, Mais, Möhren, Schneidebrett, Messer

Durchführung: Brot bestreichen und darauf aus bereitgestelltem Gemüse seinen Namen legen. Jedes Kind berichtet, was es ausgewählt hat und warum, woher das Gemüse kommt, wie es geerntet wird ... Alle Brote danach bewundern und genüsslich verzehren.

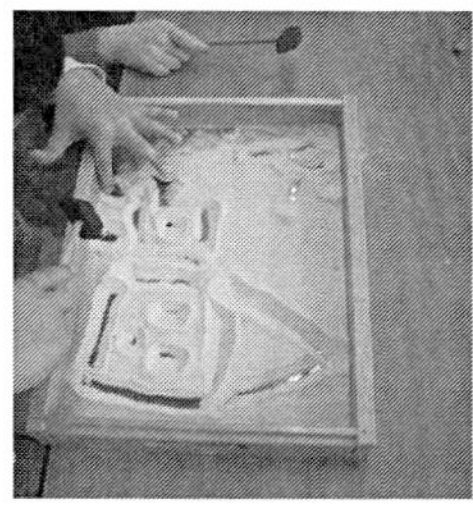

In Sandrahmen schreiben

Material: Tablett oder Backblech, Sand, Stab

Durchführung: Sand aufstreuen und mit dem Finger, Stab darauf schreiben oder malen. Danach wieder glattstreichen und ein neues Kunstwerk ausprobieren.

Kreativer Zahlensalat

Material: Faltblätter, Kleister, Pinsel, kleine Materialien aller Art wie Perlen, Knöpfe, Blüten, Samen, Gewürze

Durchführung: Blatt vor sich hinlegen, eine Ziffer mit Kleister auf das Faltblatt formatfüllend aufbringen und dann mit Wunschmaterialien belegen.

Tipp: Eine Zahlenwand, Zahlenplakat erstellen. Die Ziffern auch mit geschlossenen Augen abtasten und benennen.

Geräuschquellen hören, vergleichen, identifizieren, beschreiben

Geräusche-CD anhören und identifizieren. Oder eigene Geräusche hinter einem hochkant gestellten Tisch, spontan selbst produzieren, wie unterschiedliche Papiere zerschneiden, knüllen, damit rascheln. Einen Farbstift spitzen, Wasser in ein Glas schütten, Wassertropfen in Topf fallen lassen, mit Besteck oder Kochtopfdeckeln Klänge erzeugen. Oder mit dem Schneebesen im Glas rühren, Kugeln in der Schüssel kreisen lassen. Der Fantasie sind keine Grenzen gesetzt.

Spiel: Genau zuhören, sich erinnern, diese Geräusche erkennen, zuordnen, sprachlich benennen ... Querverbindungen herstellen: Das klingt wie Pferdegetrappel.

Sprachliche Begriff- und Wortintonationen

Blödmann, Heulsuse, Angsthase, mutig mutig, komm, lass das, hilf mir, guten Morgen, oh je, Klassenarbeit, entschuldige bitte ... Intonieren: Laut, leise, mutig, stotternd, schüchtern, frech, aufdringlich, fordernd, bittend, zögernd, wütend, verachtend, ermutigend präsentieren und darüber sprechen. In welcher Situation hat man sich so gefühlt und wie konnte man diese Situation positiv oder negativ auflösen.

Durchführung: Erstes Kind intoniert seinen Begriff, schaut den Nachbarn an und übergibt mit einer Handschüssel diesen an ihn. Der Nachbar betont das Wort anders und gibt es weiter. So entdeckt man das Wort in vielfältigen Ton-Lautstärken und Gefühlsvarianten.

6. Sprache hören und verstehen

Modulation von Stimme, Gestik, Mimik

Material: Soft- oder Tennisball

Durchführung: Jedes Kind wählt sich einen Begriff aus, z. B. „Hallo", „Entschuldigung", „Tschüss" oder „Kommst du?". Dieser Begriff wird nun der Reihe nach unterschiedlich intoniert und mit passender Gestik und Mimik vorgetragen. Beispiele: laut, langsam, ängstlich, fröhlich, fragend, trotzig, vorwurfsvoll, flüsternd, wütend, frierend oder stotternd. Variante: Ein Kind denkt an seine Lieblingsspeise und stellt eine Mini-Frage in unterschiedlicher Intonation: „Ich esse gerne Spaghetti Bolognese, und du?". Dabei blickt es einem Kreiskind fest in die Augen und wirft ihm den Ball zu und das Spiel entwickelt sich weiter.

Fingerspiel: Meine geschickten Hände – Zuhören und in eigene Bewegungen umsetzen

Meine Hände, die sind flink,
zappeln hin und her geschwind.
Bei Ärger können sie auch schlagen,
um sich dann liebevoll zu vertragen.
Sie können drohen: „Lass das sein!"
und wegschieben mit: „Misch dich bloß nicht ein!"
Sie krabbeln flink den Arm hinauf,
mit lautem Gekicher und Geschnauf.
Frech zupfen sie am rechten Ohr,
dann kichern sie gar als pfeifender Chor.
Oje, die Nase rütteln sie sanft nach rechts und links,
Mundwinkel gar Grimassen sind.
Die Augenwinkel mit den Daumen breit ziehen,
die Finger dabei nach oben fliehen.
O Schreck, nun klatschen sie auf den Popo,
dann auf den Bauch, das macht sie froh.
Begeistert klatschen sie in die Hände nun,
schlüpfen unter den Pulli, was sollen sie sonst tun?

Spielend Mathematik erkunden

Material: zugeschnittene Alufolienstreifen

Spiele: Diese experimentell bewegen und Windgeräusche machen. Hochwerfen, fliegen lassen, auffangen ... Damit bei sich oder dem Nachbarn Bauch, Nase, Rücken, Arme, Knie berühren. Von der Hand pusten, über den Tisch pusten.

Tipps: Zahl zwischen 1-10 nennen und diese mit dem Streifen knüllen und zum Spielen bereitlegen. Sie lassen sich blitzschnell wieder gerade ziehen und neue Formen entstehen. Dabei auch Plus und Minusaufgaben legen: 2 + 305 mit Zeichen + - =. Oder gelegte Aufgabe mit Finger umfahren und sprechen: Cinco y dos son siete./Fünf und zwei sind sieben. Auch Buchstaben formen, diese benennen, kleine Worte wie Si, ola, oder seinen Namen legen.

6. Sprache hören und verstehen

Bohnen-Spiele

Material: Bohnen in verschiedenen Farben, Schälchen oder Becher

Spiele: Diese im Becher rütteln/schütteln ohne Bohnen zu verlieren. Kleine Reihe legen und abzählen: 1-2-3-4-5 ... Damit eine Schlange im Kreis legen und die Anzahl abzählen. Eine andersfarbige Bohne dazu schmuggeln (alle drehen sich um) wer entdeckt den Fehler? Alle Bohnen mit 2 Händen auf einen Haufen legen, zwei Teile trennen: Wo liegen mehr, wo weniger? Ein Wunschbild, Gegenstand, Zahl oder Buchstaben legen. Abschlussspiel: Gemeinsam auf dem Tisch eine Riesensonne legen oder Blume, Fisch, Herz, Spirale, Schnecke mit Haus ...

Gegensatzbegriffe darstellen

Partnerschaften bilden und sich ein Gegensatzpaar überlegen und diese pantomimisch darstellen: groß und klein, lachen und weinen, anziehen und ausziehen, lesen und rechnen, rennen und schleichen, essen und trinken, schlafen gehen und aufstehen.

Wattepuste-Spiele

Material: Watte, Trinkhalme

Durchführung: Watte zu kleinen Bällen zupfen, knuddeln. Alle in die Mitte legen. Diese sich gegenseitig zu pusten, ohne dass sie vom Tisch fallen. Ansaugen, Reihe legen oder zum mittigen Sandhaufen pusten. Dabei gezielte Kraftdosierung und Zielsicherheit erproben. Spannend sind Watte ansaugen, festhalten und in seine Hand legen. Eine Zahl nennen und so viele ansaugen und diese zur Reihe legen. Schwieriger ist es, gemeinsam ein vereinbartes Wort, Name, Begriff durch Ansaugen legen. Abschluss Wettspiel: Wer legt sich die meisten Wattekugeln in seine Hand?

Rhythmisches Tierkonzert mit gefüllten Trinkflaschen

Material: Joghurtflaschen mit Verschluss, Füllmaterialien, Kindersocken, Band.

Geschichte erzählen und diese rhythmisch begleiten

Durchführung: Früh am Morgen erwachen die Tiere. Der Hund erwacht, bellt laut wau wau (Rhythmus schlagen) dann erwacht die Katze, dann der Vogel, die Maus ... Jedes Kind sagt, welches Tier es darstellt und begleitet seinen Tierlaut mit der Rassel sowie mit bellen, miauen usw. Hat sich jedes Kind als Tier vorgestellt, beginnt das erste Kind mit dem Tierlaut und seiner Rassel, dann klinkt sich das zweite Tier ein, dann das dritte, bis alle Tiere bellen, miauen usw. dazu rasseln, bis es ganz laut wird. Nun wird das Musikstück **rückwärts** gespielt und ein Kind nach dem anderen hört auf. Zuletzt musiziert das erste Tier allein. Und weiter geht diese Geschichte: Inzwischen ist es Abend geworden und die Sonne geht unter. Ein Kind legt sein Instrument zur Seite, tritt vor die Gruppe, hält beide Arme über den Kopf und symbolisiert die Sonne. Alle Kinder achten ganz genau auf den Sonnendirigenten. Alle anderen Kinder musizieren laut und wild. Je weiter das Sonnenkind seine Arme seitlich absenkt, desto leiser wird die Musik. Besonderen Spaß macht es, wenn sich die Sonne nicht entscheiden mag, was sie eigentlich möchte. Dabei entsteht anschwellende und abschwellende Musik. Am Ende lässt die Sonne seine Arme seitlich am Körper ausruhen, und geht nun endgültig unter. Alle Musikanten schnarchen und es ist still. Dann folgt Partnerwechsel.

6. Sprache hören und verstehen

Bücher-Esel und Weltmeisterturm

Material: Bücher aller Art aus der Gruppenbibliothek

Durchführung: Den Rücken eines Kindes geschickt mit Büchern beladen. Wie viel Bücher kann der Esel tragen? Und wie flink wird der Bücherturm wieder abgebaut und aufgeräumt? Ziel anvisieren: Der beladene Esel geht zu einem vereinbarten Ziel, wird dort entladen oder wirft laut wiehernd und mit den Füßen stampfend seine Last ab.

Variante: Turmbau zu Babel: Den Weltmeister-Bücherturm vom Boden aus in die Höhe aufstapeln oder auf dem Kinderrücken Zeitungen aufstapeln, ohne diese zu verlieren.

Morgenkreis und Wunschkonzert

Sind alle Kinder eingetroffen, treffen wir uns im Morgenkreis zum Wunschkonzert. Ein Kind intoniert das Echolied: „Guten Morgen in diesem Haus. Ei so wünschen wir einen schönen guten Morgen. Guten Morgen" durch Vorsingen und als Echo nachsingen. Danach wird im Wunschkonzert ein Liedwunsch erfüllt. Dabei spielt die Jahreszeit keine Rolle. Musik ist gesungene Sprache und entspannt nicht nur Kinder. Wer möchte, darf etwas erzählen oder berichten. Und immer wieder wird das Spiel: „Ich mag dich Sabine, weil du ..." eingefügt.
Wer möchte, geht auf ein Kind der Gruppe zu: „Rafaela, ich mag dich, weil deine Augen immer so vergnügt schauen, weil mir deine neue Frisur so gut gefällt, weil ich dich mag." usw.

Verabschiedung durch den Pädagogen: La Ola Welle

Ist einem Kind an diesem Tag etwas besonders gut geglückt, das ihm zuvor schwerfiel, wird dies anerkennend im Abschlusskreis gelobt: „Tim hat heute niemand geschlagen. Susanne hat sich heute sprachlich mutig gewehrt usw." Dabei gehen zuerst alle Kreiskinder in die Hocke, einer nach dem anderen steht auf, reckt die Arme nach oben, bis alle Kinder stehen.
Hierbei dürfen die Kinder Lob, Wertschätzung und Gefühle formulieren. „Ich fand toll, dass du mir beim Aufräumen geholfen hast, obwohl du gar nicht mit den Legos gespielt hast." Aber auch: „Ich bin traurig, weil du zu mir gesagt hast, dass du nicht mehr meine Freundin sein willst."

Rechts, links, oben, unten, Präpositionen Raumorientierung, Rhythmus, Merkfähigkeit

Durchführung: Alle Kinder knien oder sitzen im Schneidersitz mit Abstand auf dem Boden. Der Spielleiter beginnt. Er sagt „rechts" und klopft neben sich. Alle sprechen: rechts, rechts, rechts und schlagen dabei mit ihrer rechten Hand auf den Boden. Der Spielleiter sagt: „Rechts, links" und schlägt rechts und links neben sich auf den Boden. Alle sprechen und machen es nach. Der Spielleiter sagt: „Rechts, links, oben": schlägt rechts und links neben sich und bei „oben" streckt er die Hände in die Höhe und klatscht dazu. Alle Ideen hören, verstehen, umsetzen und gestalten. Und nun wird es schwieriger: „Rechts, links, oben, unten". Bei „unten" zeigen die Hände nach unten und klatschen kurz über dem Boden in die Hände. Und weiter geht es mit: „Rechts, links, oben, unten, vorne". Bei „vorne" leicht auf den Bauch schlagen. Nun folgt: „Rechts, links, oben, unten, vorne, hinten". Bei „hinten" auf den Popo schlagen. Jede Aufgabe vormachen und nachmachen.

6. Sprache hören und verstehen

Tipp: Das Spiel erweitern und Stimme/Gefühle einsetzen: Den Text ängstlich, weinend, ärgerlich, traurig, fröhlich, lachend, nachdenklich oder wie ein Roboter usw. intonieren. Dazu das Tempo ändern wie langsam, ganz schnell, wie ein rasender Reporter ... Variante: Spiel am Tisch sitzend oder hinter dem Stuhl stehend spielen.

Gedicht intonieren: Bei den amerikanischen Urvölkern

Hörverstehen und in Bewegungen umsetzen
Der Pädagoge erzählt eine kurze Geschichte, in der auch der Alltag der Kinder integriert wird. Die Kinder bewegen sich spontan zum Text, diesen vorher notieren.

Pantomimische Laut-Geschichte

Illampatu wird wach	*Alle räkeln, strecken sich und gähnen*
dann zieht er sich an	*zuerst seinen Pulli, dann ... sich pantomimisch anziehen*
Nun muss Illampatu die Ziege melken	*melken*
Dann kocht er seinen Hirsebrei	*kochen und essen*
und trinkt die Ziegenmilch dazu	*schlürfen, trinken*
Nun geht er schwimmen	*sich pantomimisch ausziehen, schwimmen*
Dann fängt er Fische	*Angeln auswerfen, Fisch heranziehen, braten, essen*
Nun reitet er über die Pampa	*reiten*
Endlich kommt er müde zu Hause an	*gähnen, Kopf auf den Tisch legen*
und schon ist er eingeschlafen	*schnarchen*

7. Weitere Bewegungs-Spielangebote

An die Kartoffeln/Zwiebeln/Kürbisse ... fertig, los!

Hinweis: Für dieses Bewegungsspiel benötigen die Kinder Platz. Es ist eine Abwandlung des Spiels „Alle Vögel fliegen hoch".

Material: Kürbisse, Kartoffeln, Möhren, Äpfel, Zwiebeln usw. in Körben im Raum verteilten.

Durchführung: Alle Kinder stehen oder sitzen zu Beginn in der Mitte des Raumes.
Der Spielleiter ruft nun: „Alle Kartoffeln wachsen unter der Erde!" Da die Aussage richtig ist, sollten nun alle Kinder zum Kartoffelkorb laufen. „Alle Kürbisse wachsen an einem Ast!" Jetzt sollte sich kein Kind bewegen, falls doch ein Kind zum Kürbis gelaufen ist, muss es aussetzen (1 x/2 x ...) oder ausscheiden. „Alle Zwiebeln wachsen am Zwiebelbusch!"
„Alle Birnen wachsen am Baum!" „Alle Äpfel schmecken salzig!" „Alle Kürbisse sind blau!"
„Alle Bohnen schmecken scharf!" „Alle Pflaumen haben einen Kern!" „Alle Möhren haben einen Stein!" usw.
Abwandlung in eine Geschichte, Feld- und Gartenfrüchte benennen. Fällt der Name der Gemüse- oder Früchtesorte, laufen die Kinder zum entsprechenden Korb. Dieses Spiel ist etwas ruhiger.

Sandmännchens Reise zum Bauernhof: Erzähl-Bewegungsgeschichte

Zeile für Zeile vorlesen und umsetzen

Sandmännchen fährt mit dem Zug zum Bauern Tom:	*tsch, tsch, tsch*
Er steigt aus und begrüßt den Bauer:	*sich gegenseitig Guten Tag sagen*

7. Weitere Bewegungs-Spielangebote

Beide gehen zum Bauernhof: *zu zweit oder einzeln Gehgeräusche machen*
Zuerst gehen sie in den Stall zu den Kühen: *laut muhen*
Dann in den Hühnerstall: *laut gackern*
Auch der Hahn begrüßt den Gast: *kikerikiki rufen*
Da kommt der Hund Bello angesaust und begrüßt den Gast: *laut bellen*
Bello entdeckt die Schafe, er rennt zu ihnen: *Füße rennen am Platz*
Bello bellt sie wütend an: *wütendes bellen, kläffen*
Dann rennen die Schafe auf und davon: *blökende Schafe imitieren*
Aus dem Haus kommen hüpfend die Kinder Peter und Susi: *Hüpfschritte am Platz machen*
Bello begrüßt sie schwanzwedelnd und voller Freude: *bellen*
Auch die Katze Schluribumbi miaut zur Begrüßung: *miauen*
Da rennen Peter und Susi los: *am Platz rennen*
Bello und Schluribumbi rennen hinterher: *Renngeräusche, bellen und miauen*
Außer Atem erreichen sie das Sandmännchen: *stehen bleiben, rasch atmen*
Sie keuchen, schnaufen und prusten: *keuchen, laut schnaufen, losprusten*
Und begrüßen sich gut gelaunt: *internationale Begrüßungswörter Hallo, good morning*

Gemeinsam gehen sie zum Pferdestall: *Gehgeräusche, Pferde wiehern*
Dazwischen huschen kleine piepsende Mäuse: *Mäusefipsen*
Die kleine Eule Schuhu fliegt erschrocken davon: *Schuhu rufen, am Platz flattern*
Das Sandmännchen begleitet die Pferde zur Koppel: *galoppieren am Platz und wiehern*
Auf der Wiese flattern lautlos bunte Schmetterling von Blüte zu Blüte: *lautlos flattern*
Die Bienen summen und schlürfen an den Blüten den süßen Nektar: *Bienensummen*
Die Vögel sitzen in den Baumkronen und zwitschern: *Vogelgezwitscher*
Davon werden im Teich die Frösche wach: *quaken und Froschhüpfen*
Langsam wird es dunkel und der Wind streicht über das Gras: *leise zarte Windgeräusche*
Die Frösche quaken leise und schlafen ein: *immer leiser quaken*
Die Vögel zwitschern leise und verstummen: *immer leiser werdendes Zwitschern*
Die Bienen fliegen summend zum Bienenstock: *Bienensummen, bis man nichts mehr hört*
Die Schmetterlinge schlafen auf den Gänseblümchen: *auf Zehenspitzen fliegen, schnarchen*
Die Pferde wiehern leise, scharren mit den Hufen: *leise wiehern und leises Füßescharren*
Die Eule fliegt krächzend zum Baum und lauert auf Beute: *Schuhu*
Die Mäuse bringen sich in Sicherheit und fiepen leise: *leise fiepen*
Bello legt sich vor seine Hundehütte und schnarcht zufrieden: *schnarchen, winseln*
Schluribumbi schleicht zum Ofen und kuschelt sich kringelnd ein: *leise schnurren*
Der Hahn kräht leise sein Abendlied: *immer leiser werdend krähen (Abendlied)*
Die Kühe muhen ihre kleinen Kälber in den Schlaf: *leise langsam muhen*
Die Schafe kuscheln sich aneinander und blöken müde: *aneinander kuscheln, mäh rufen*
Peter und Susi schlüpfen schnell unter die Decke und kichern leise *kichern*
Der Bauer bringt das Sandmännchen zum Bahnhof: *Gehgeräusche, Pfiff, Tschuff, Zugabfahrt*
Der Zug rattert in die Nacht hinein: *ratternde Geräusche*
Der Bauer geht auch zu Bett und schläft sofort ein: *schnarchen*

Tipp: An den Tischen in der Gruppe intonieren oder als Bewegungs-Geräuschgeschichte im Flur, Sporthalle oder im Freien.

7. Weitere Bewegungs-Spielangebote

Darstellende Rätselscharade: Lebe-Wohl-Begriffe einzeln darstellen und erraten. Aus allen Anfangsbegriffen wird das gesuchte Lösungswort zusammengebastelt.

Vorbereitung: Die Anfangsbuchstaben auf Papptellern groß und bunt aufmalen und diese nach Spielende den Zuschauern präsentieren.

L wie Licht: Ich leuchte durch die dunkle Nacht, zeige den Weg, vorbei an Häusern, Gärten und jedem Steg.

E wie Esel: In einem Märchen habe ich eine tragende Figur. Sag wie nennt man mich nur?

B wie Bär: Als gefährliches Tier bin ich bekannt, die Kinder lieben mich im Kuschelland.

E wie Echo: Wer mich ruft, dem antworte ich laut, wohne in den Bergen, bin aus Luft gebaut.

W wie Wind: Ich schleich mich wie ein Räubersmann, rüttle an Fenster und Türen sodann.

O wie „O du fröhliche“: Ich bin weltbekannt. Sing es, damit es Weihnachten kann werden!

H wie Hänsel: Ich komme aus dem Märchenland, wir sind als Geschwister weltbekannt.

L wie links: Als Richtungsortung bin ich wichtig, man verwechselt mich oft aber tüchtig.

Willst du mein Freund sein? Spielgedicht oder selbst komponiertes Lied

Durchführung: Gedicht oder eigene Melodie erfinden und dazu tanzen. Spielidee: Paare bilden: Frosch und Frosch, Maus und Maus ... oder Länder darstellen durch typische Bewohner (Inuit oder amerikanische Ureinwohner).

Der Igel: Ach, ich bin ja so allein? Will es aber gar nicht sein! Sucht 'nen Freund, bist du dabei? Kannst du tanzen? Eins zwei drei.

Kriecht die Schnecke zu dem Igel, schaut ganz kurz in ihren Spiegel. Doch da tönt es laut und forsch: „Such dir einen anderen Ort!“ Schnecke antwortet: „Schleim ich wieder ganz allein, können keine Freunde sein.“

Kehrreim: Und der Igel bleibt allein, mag nicht tanzen – eins zwei drei.

Hüpft ein **Fröschlein** zu dem Igel, schaut ganz kurz in seinen Spiegel. Doch da tönt es laut und forsch: Such dir einen anderen Ort! **Frosch** antwortet: „Quak ich bin wieder ganz allein, können keine Freunde sein.“ Quakt laut und hüpft weg.

Kehrreim: Und der Igel bleibt allein, mag nicht tanzen: eins zwei drei.

Schwirrt die **Biene** zu dem Igel ... Biene antwortet: Schwirre ich wieder ... können keine ...

Biene umsummt und umflattert ihn und schwirrt ab. Kehrreim: Und der Igel ...

Stolziert ein **Hahn** zu dem Igel ... Hahn antwortet: Kräh ich ganz laut ... Hahn schlägt mit den Flügeln und kräht noch einmal ganz laut.

Tappst ein **Bär** zu dem Igel ... Bär antwortet: Brumm ich traurig ganz allein ... Bär hebt seine Tatze, streichelt den Igel und geht tapsig und brummend ab.

Flattert ein **Vogel** zu dem Igel ... Vogel antwortet: Tschilpe ich fröhlich ... Vogel umkreist tschirpend den Igel und fliegt davon.

Trippelt die **Maus** zu dem Igel ... Maus antwortet: Tanze ich weiter ganz ... Maus schnüffelt an dem Igel und geht „ts ts“ machend ab.

Schleicht die **Katze** zu dem Igel ... Katze. Katze antwortet: Raunz und mauz ich ganz ... Katze reibt Kopf an Igel und geht miauend ab.

Trippelt ein **Igel** zu dem Igel ... Doch da tönt es laut und forsch: Such dir keinen anderen Ort!

Igel klatscht erfreut in seine Pfoten: Bin nun nie mehr ganz allein, wollen beste Freunde sein.

Kehrreim: Und die Igel tanzen fein, rundherum im Ringelreihen.

Alle Tiere kommen dazu: Alles tanzt und hüpft dabei und man tanzt im Ringelreihen.

Kreistanz oder Polonaise. Und dann gehen sie nach Haus. Unser Spiel, das ist nun aus.

Winken und Tschüss rufen und die Bühne nacheinander verlassen.

7. Weitere Bewegungs-Spielangebote

Tierische Bewegungs-Fantasiereise am Platz, im Raum oder in der Sporthalle.

Gestatten, ich bin Schnippeldischnapp	*sich mehrmals verbeugen*
und komme aus Trippelditrapp	*in die Ferne schauen, Hand über den Augen*
dem fernen Reich der Fantasie	*strahlend gen Himmel sehen*
ein seltenes Tier, auch ein Genie	*Siegespose einnehmen*
Ich quake wie ein Frosch geschwind	*quaken und Froschhüpfen*
fliege schneller als der Wind	*auf Zehenspitzen rennen*
spring bis zu den Wolken in die Höh'	*hoch in die Luft springen*
boxe mit dem Schatten, das tut nicht weh	*Schattenboxen gegen imaginären Partner*
Ich klatsche laut, welch Genuss	*wild und laut klatschen*
gebe dem Wind gar einen Kuss	*Kusshände wegblasen*
trample wild, man glaubt es kaum	*lautes, zorniges trampeln*
kreise mit den Armen, mache Schaum	*beide Arme wie Windflügel kreisen*
Nun schüttle ich meine Beine aus	*rechtes, dann linkes Bein weit ausschütteln*
verkriech mich klein im Schneckenhaus	*sich zur Schnecke ganz klein machen*
rase auf der Stelle wie der Blitz	*rennen blitzschnell auf der Stelle*
mach ne lange Nase ganz fix	*lange Nase machen*
Ich knurre wie ein Löwe ganz laut	*knurren, fauchen, Tatzen einsetzen*
mit dem Körper eine Brücke gebaut	*Körperbrücke bauen*
Schweine quieken ist nicht schwer	*Vierfüßer-Schweinegalopp mit quieken*
galoppiere wie ein Fohlen hin und her	*Pferdegalopp durch den Raum*
Zische wie die Schlange im Gras	*auf dem Bauch robben*
stehe im Regen und werde nicht nass	*tanzen, Arme ausbreiten*
Ich schleiche wie ein Räubersmann	*gebückt schleichen*
schnappe wie ein Hai, seht was ich kann	*mit Armen Haischnappen vollführen*
Wie ein Tornado wirble ich im Raum	*ohne anzustoßen leise durch den Raum rasen*
mache Faxen zum Erstaun'	*Grimassen, Körperverrenkungen machen*
robbe wie ein Krokodil am Nil	*robben mit Armen und Beinen*
kitzle den Nachbarn als neues Spiel	*Kinder kitzeln*
Nun breite ich meine Schwingen aus	*mit ausgebreiteten Armen gleiten*
fliege leise in den Baumwipfel hinauf	*kreisend sich zum Wipfel empor schrauben*
kuschel mich in mein Riesennest	*sich am Boden klein zusammenrollen*
ich schlafe gleich und zwar ganz fest	*Augen schließen und ganz leise sein*
Hört ihr mich schniefen und prusten	*laut schniefen, leise prusten*
aber auch mein heiseres Husten	*husten und hüsteln*
und kichernd schlafe ich ein	*kichern*
ihr müsst nun ganz leise sein	*psst machen und ganz still werden*

7. Weitere Bewegungs-Spielangebote

Wer ist die Schönste im ganzen Land? Streit-Geschichte entwickeln

Gemeinsam wurde mit den Kindern diese Geschichte entwickelt und als Rahmenhandlung festgelegt. Als Stegreifspiel darf jedes Kind in seine Wunschrolle schlüpfen. Kein Text wird auswendig gelernt, nur die wörtlichen Teile werden spontan und lustvoll inhaltlich improvisiert. Bei jeder Darbietung dürfen auch die Darsteller wechseln. Lediglich der Vorlesende oder Erzähler sollte immer derselbe sein, er ist mit seinen Zwischentexten verlässlich und der Stichwortgeber. Er kann Texte verlängern oder verkürzen, je nach Situation. Deshalb muss er die Schauspieler immer im Auge behalten.

Inhalt

Drei Entenmütter streiten sich, welches von ihren Kindern das Schönste wohl sei. Diesen Streit tragen die Küken beim Überraschungsbesuch bei der Entenkönigin vor. Diese fällt ein salomonisches, überraschendes Urteil. Denn es kommt nicht auf äußere, sondern innere Werte gegen Neid und Missgunst an.

Mitspieler: Königin, drei Enten, drei Entenkinder, Entenschar

Vorleser oder Erzähler

Auf einem Bauernhof gab es eine große Entenschar. Auf ihren letzten drei Eiern saßen die Enten Schnatterlieschen, Schwanz-in-die-Höh' und Plitsch Platsch. Sie waren beste, unzertrennliche Freundinnen. Schnatterlieschen schnatterte den ganzen lieben langen Tag. Schwanz-in-die-Höh' stolzierte mit hoch erhobenem Schwanz auf der grünen Wiese und Plitsch Platsch hatte große rote, sehr mächtige Entenwatschelfüße und platschte damit über die Wiese. Endlich brach das erste Ei entzwei und Schnatterlieschen begrüßte ihr prächtiges Kind. „Schaut nur wie graziös es aus dem Ei schlüpft." Und abermals machte es krax und das zweite Ei zerbrach. „O wie niedlich", schnatterte Schwanz-in-die-Höh' ganz aufgeregt. „Wie prächtig und blütenweiß ihr Schwänzchen in den Himmel ragt." Da schlüpfte auch das Küken von Plitsch Platsch. „Nein schaut doch nur, welch wunderschöne zierliche Platschefüßchen mein Kleines hat." Und voller Stolz watschelten die Entenmamas mit ihren Kindern über die grüne Wiese.

Erzähler: Doch jede Mama wollte das schönste, begabteste und intelligenteste Küken haben. Und so geschah es, dass sich die Mütter zu streiten begannen, denn jede wollte das schönste Entenkind ihr Eigen nennen.

Schnatterlieschen schnatterte lautstark: „Mein Kind ist so graziös und prächtig. Seht nur hin, wie sich mein Kind bewegt und tanzt." Und das Entenkind drehte sich und tanzte wunderschön auf der grünen Wiese.

Schwanz-in-die-Höh' drängelte sich vor und rief: „Schaut nur diesen prächtig blütenweißen Schwanz an und wie mein Kind damit wackeln kann. Es ist das schönste Entenkind weit und breit." Und das Entenkind wackelte mit dem Schwänzchen, reckte den Hals und war sehr stolz auf sich.

Plitsch Platsch platschte ungeduldig mit den großen Füßen auf die grüne Wiese und verkündete sehr bestimmend: „Nein, mein Kind ist das schönste Entenkind, denn es hat die zierlichsten Füße der Welt." Und sie schob ihr schüchternes Entenkind zärtlich nach vorne, damit alle die kleinen, zierlichen Platschefüße bewundern konnten.

Erzähler: Und weil jeder das schönste Entenkind der Welt ihr Eigen nannte, begannen sie sich schnatternd zu streiten und sich gegenseitig zu schubsen.

Schnatterlieschen: „Mein Kind ist viel graziöser als eure Kinder. Also ist es das schönste Entenkind der Welt."

Schwanz-in-die-Höh' schnatterte empört: „Ph, halt den Schnabel, ich habe das schönste Entenkind der Welt, du bist ja nur neidisch!"

KOHL VERLAG Wir sind Kinder einer Welt – Bestell-Nr. 12 908

7. Weitere Bewegungs-Spielangebote

Plitsch Platsch erwiderte ärgerlich: „Seid still, mein Kind ist das Schönste, schaut doch nur mal ihre zierlichen rote Füße an. So etwas hat die Welt noch nicht gesehen." Und die Entenmamas stritten, schubsen und schrien sich an: „Nein, mein Kind ist am schönsten."

Erzähler: Und weil sich ihre Entenmamas nicht einigen konnten, beschlossen sie nach einigen Wochen ihre Entenkönigin um Rat zu fragen.

Klein Schnattelieschen forderte: „Also gehen wir zur Königin!"

Klein Schwanz-in-die-Höh' stimmte ein: „Ja, sie soll entscheiden, wer die Schönste ist!"

Klein Plitsch Platsch bestätigte leise: „Kommt, wir gehen gleich zu ihr!"

Erzähler: So machten sich die drei Entenkinder auf den Weg und kamen ins königliche Schloss. Sie trafen ihre Königin beim Morgenspaziergang am Teich. Erstaunt schaute sie die Störenfriede an.

Königin: „Wer stört mich hier bei meinem Morgenspaziergang?"

Klein Schnatterlieschen: Du musst uns helfen, wir haben ein sehr schwerwiegendes Problem.

Klein Schwanz-in-die-Höh': Du sollst entscheiden, wer von uns die Schönste ist!

Klein Plitsch Platsch: Die zwei behaupten, sie seien viel schöner als ich.

Königin: Ich habe eure Bitte vernommen. Aber es kommt im Leben nicht darauf an, wie ihr ausseht. Es kommt auf die inneren Werte an, wie jemand ist und wie er mit anderen umgeht.

Klein Schnatterlieschen: „Schau Frau Königin, ich bin so graziös und habe eine so prächtige Figur." Und sie verbeugt sich und tanzt im Kreis.

Klein Schwanz-in-die-Höh': „Das ist ja noch gar nichts, bewundert meinen blütenweißen prächtigen Schwanz." Und sie verbeugt sich und tanzt im Kreis.

Klein Plitsch Platsch: „Meine Mama sagt, ich habe die zierlichsten Füße im ganzen Entenreich." Und sie verbeugt sich und dreht sich langsam im Kreis.

Königin: „Gut. Nun erhaltet ihr eine schwierige Aufgabe: Wer mir das schönste Geschenk vom Grunde des Ententeiches heraufholt, der wird gekrönt und wird in meinen Entenhofstaat aufgenommen."

Erzähler: Und die Königin begab sich zum königlichen Entenhof und die drei Streithähne folgten ihr zufrieden mit königlichem Abstand.

Königin: „Alle meine Enten kommen zu mir!"
Alle Enten flattern und watscheln laut schnatternd zur Königin und stellen sich zum Halbkreis auf. Dabei schlagen sie aufgeregt mit den Flügeln und schnattern in allen Facetten.
Die Königin stellt die drei Entenkinder vor und berichtet, dass jedes die Schönste sein möchte. Ich habe beschlossen: „Wer mir das schönste Geschenk vom Grunde des Teiches heraufbringt, der soll Mitglied meines königlichen Hofstaates werden. Was meint ihr denn dazu?"
Und alle Enten stimmen lauthals schnatternd und begeistert zu.

Erzähler: Klein Schnatterlieschen eilte zum Ufer des Sees, setzte sich in das grüne Gras, plusterte sich mächtig auf und begann zu schnattern. Dann stand sie auf, eilte zum Wasser, tauchte unter und verschwand. Es dauerte nur wenige Minuten und sie tauchte prustend wieder auf. Im Schnabel trug sie einen langen, dicken, riesigen Regenwurm, wie es sie nur am Grunde des Sees gab und legte ihn der Entenkönigin behutsam vor die Füße.

Klein Schnatterlieschen: „Habe ich nicht ein wunderschönes Geschenk vom Grunde des Sees mitgebracht?" ruft sie mächtig stolz aus und blickt siegessicher in die Runde. Und die Königin antwortet begeistert: „Das ist der dickste, längste Kringelwurm, den ich je erhalten habe. Und wie er zappelt. Prächtig, einfach nur prächtig!"
Und alle Enten tanzen flatternd und schnatternd herum und nickten zustimmend.

Königin: „So, nun ist klein Schwanz-in-die-Höh' an der Reihe, zeige uns was du kannst!"

Schwanz-in-die-Höh' trippelt schwanzwedelnd und mit erhobenem Kopf gemächlich zum See, schaut sich auffordern um, klatscht mit den Flügeln bis alle mitklatschen und taucht in den See. Blubb blubb ... und weg war sie.

7. Weitere Bewegungs-Spielangebote

Erzähler: Als Schwanz-in-die-Höh' abgetaucht war bedauerten sie alle. Einen größeren, fetten Wurm konnte niemand heraufholen. Das war unmöglich. Aber nach zehn Minuten tauchte Schwanz-in-die-Höh' wieder auf. Der schneeweiße Schwanz leuchtet in der Morgensonne. Behutsam watschelt sie der Königin entgegen und legt ihr eine gewaltige, riesige Seeschnecke vor die Füße. Die Königin nimmt die Riesenschnecke vorsichtig auf und ist begeistert über dieses Geschenk.

Königin: „Die Schnecke ist mächtig groß und schwer, da würde selbst der Storch neidisch werden. Schwerer und größer geht es nun wirklich nicht mehr. Was meint meine Entenschar dazu?" Die Enten schnattern lauthals, schlagen mit den Flügeln und wirbeln durcheinander, bis sie sich beruhigen, zum Halbkreis stellen und nun neugierig auf Plitsch Platsch sehen.

Königin: „So Plitsch Platsch, nun bist du an der Reihe. Geh zum Teich und wir sind gespannt, welches Geschenk du vom Grunde des Sees heraufholen wirst."

Erzähler: Während Plitsch Platsch zum See watschelte, ins Wasser eintauchte und zum Grunde des Sees tauchte, bedauerten die Enten sie sehr, denn ein vollkommeneres und größeres Geschenk zu ertauchen war nicht möglich. Das war undenkbar.

Königin: „Solange Plitsch Platsch taucht, wollen wir uns die Zeit vertreiben und ich bin ja so neugierig, was sie heraufholen wird. Sie wird weiter als die anderen beiden und auch tiefer tauchen müssen. Und das kann dauern. Solange sie auf Tauchgang ist, können wir uns fantasievoll überlegen, wie ihr Geschenk aussehen wird."

Erzähler: Im ganzen Entenhof war kein Geschnatter mehr zu hören und es wurde mucksmäuschen still. Nach wenigen Minuten fordert die Königin ihren Entenhofstaat auf, ihre fantasievollen Gedanken preis zu geben.
Die Königin ruft nun jede Ente bei ihrem Namen und jede Ente erklärt, wie es sich das Geschenk vorstellt. „Ente Michael, was denkst du?" Michael: „Ich denke, sie holt einen leckeren Seetang herauf." Jeder erklärte, was er vermutete. *Diese Ideen auf eine kleine Karte malen, diese der Königin und dem Publikum zeigen.*

Erzähler: Die Enten schauen angespannt zum See, doch keine Welle ist zu sehen und Plitsch Platsch taucht nicht auf. Zehn Minuten sind vergangen, doch nichts rührt sich, alle Enten werden unruhig und schauen besorgt auf den See. Nach weiteren fünf Minuten ist noch immer nichts zu sehen. Der See liegt wie ein glatter Spiegel vor ihnen. Enten und Königin sinnieren laut, was wohl passiert sein könnte und befürchten das Schlimmste.
Doch plötzlich kräuselt sich die Wasseroberfläche und Plitsch Platsch taucht prustend auf. Zwischen ihren zierlichen roten Platschefüßen hält sie etwas Glitzerndes. Sie schwimmt ans Ufer und die Königin watschelt ihr neugierig entgegen.

Plitsch Platsch: „Frau Königin, nimm mein Geschenk aus meinen Platschefüßchen entgegen!"

Erzähler: Und die Entenkönigin nimmt das glitzernde Geschenk entgegen, schaut es staunend an und hält es schließlich in die Höhe. Beifall brandet auf. Die Königin hält einen glitzernden, funkelnden Stein in die Höhe, glattgeschliffen wie ein großes Entenei aber in der Sonne funkelnd und gleisend.

Königin: „Ein fantastisches Geschenk. So etwas habe ich noch nie gesehen. Enten, was sagt denn ihr dazu?"

Erzähler: Und die Enten sind ganz aus dem Häuschen, schnattern, hüpfen vor Begeisterung, fallen sich in die Arme und sind ganz aus dem Häuschen. Ein unglaublicher entenmäßiger Lärm hallt über die große, grüne Wiese am Teich.
Es war unmöglich zu sagen, welches Geschenk das schönste war, auch die Königin wusste es nicht. Sie schickte deshalb alle Enten hinaus, um in Ruhe nachzudenken. Und die Königin blieb nachdenklich stehen, schaute zu den drei Entenkinder, wiegte ihren Kopf, überlegt und überlegt. Doch plötzlich hat sie eine geniale Idee.

KOHL VERLAG Lernen mit Erfolg Wir sind Kinder einer Welt – Bestell-Nr. 12 908

7. Weitere Bewegungs-Spielangebote

Königin: „Schnatterlieschen, Schwanz-in-die-Höh' und Plitsch Platsch folgt mir nach in mein königliches Schloss." Und gemeinsam machen sie sich auf den Weg. Königin: „Wartet einen Augenblick, ich bin gleich zurück. Ich eile nur in meine Schatzkammer." Sie geht und kommt mit einer Krone zurück. „Schnatterlieschen, tritt vor, hiermit kröne ich dich zu meiner neuen Hofdame." Und sie setzt ihr eine goldene Krone auf. Schnatterlieschen bedankt sich mit einem Entenknicks herzlich für diese königliche Ehre. Enttäuscht schauen die beiden anderen zu und senken traurig ihre Köpfe. So sehen sie nicht, dass die Königin erneut in die Schatzkammer eilt und mit einer zweiten Krone zurückkehrt.

Königin: „Schwanz-in-die-Höh' tritt vor, hiermit kröne ich dich zu meiner neuen Hofdame." Und sie setzt ihr eine goldene Krone auf. Schwanz-in-die-Höh' bedankt sich mit einem Entenknicks herzlich für diese königliche Ehre.
Und zum dritten Mal eilt die Königin in ihre Schatzkammer und kommt abermals mit einer goldenen Krone zurück.

Königin: „Plitsch Platsch, auch dich kröne ich zur Entenprinzessin. Tritt vor." Und Plitsch Platsch verbeugt sich und bedankt sich: „Frau Königin, das ist uns eine große Ehre und ihr habt eine weise Entscheidung getroffen. Könnten wir nun nicht mit allen Enten ein Fest feiern?

Königin: „Das ist eine gute Idee, doch zuvor müsst ihr mir versprechen, euch nie wieder zu zanken. Nun versöhnt euch wieder."

Erzähler: Und die Entenkinder fielen sich erleichtert in die Flügel-Arme und flüsterten: „Was waren unsere Mütter und wir dumm! Nun wissen wir, dass es nicht auf äußerliche Dinge ankommt. Jeder ist wertvoll und etwas ganz einmaliges und besonderes. Das wollen wir nie vergessen."
Die Königin ruft alle ihre Enten zu sich, gemeinsam machen sie eine Polonaise oder einen kleinen Ententanz. Oder sie singen das berühmte Entenlied und spielen es vor: Alle meine Entchen schwimmen auf dem See, schwimmen auf dem See, Köpfchen in das Wasser, Schwänzchen in die Höh. Eventuell weitere Entenverse dichten und anfügen.

Erzähler und Zuschauer: Und wenn sie nicht gestorben sind, dann leben sie noch heute.

Abenteuerliche Reise zum Ende der Welt

Gemeinsam soll diese Geschichte ins Rollenspiel übertragen und mit wörtlichen Reden lebendig werden. Ein Erzähler oder Vorleser übernimmt die Zwischentexte und die Rahmenhandlung. Die mitspielenden Darsteller können jederzeit ausgetauscht werden. Statt Tieren spielen Menschen aus unterschiedlichen Ländern mit oder sagenumwobene Gestalten agieren. Die Geschichte findet als Vision in der Zukunft oder in der märchenhaften Vergangenheit statt. In einer Märchenwerkstatt sind auch parallel unterschiedliche Varianten oder Geschichten-Enden möglich. Alles ist erlaubt. Wichtig sind: Kreativität, Fantasie, Zusammenarbeit, Teamwork, Inklusion, Fabulierfreude und Eigeninitiative.

Inhalt

Die Lichtverschmutzung auf unserer Erde nimmt weltweit zu, und niemand scheint zu bemerken, dass die Himmelslichter unbemerkt verschwunden sind. Erst als eine Ururururgroßmutter ihren Urururenkeln von früher erzählt, machen sich einige mutig auf die Suche nach den verschollenen Sternen und dem Mond, um sie wieder zurückzuholen.

KOHL VERLAG Wir sind Kinder einer Welt – Bestell-Nr. 12 908

7. Weitere Bewegungs-Spielangebote

Die Menschen auf der Erde hatten sich so viel farbiges künstliches Licht erschaffen, dass der Himmel nicht mehr dunkel wurde, sich Tag und Nacht beliebig ausbreiten und vermischen konnten und die Menschen die Nacht zum Tag und umgekehrt machten.
Niemand schaute mehr zum Himmel hinauf. Niemand besang mehr den guten alten Mond oder die funkelnden Sterne in der Nacht und nicht einmal die Kinder erinnerten sich noch, dass es früher, vor langer, langer Zeit das Sandmännchen gab, das am Ende der Welt, im Übergang zwischen Erde und Himmel, die Regentschaft führte.
Nur eine uralte Großmutter mit schneeweißem Haar erinnerte sich noch an damals. Ja damals, als der Himmel den Menschen noch sehr nahe war und eine tiefe Bedeutung hatte. Und sie erzählt eines Abends ihren Ururururenkelkindern von dem Unglück, das über die Menschen hereinbrach.

Geschichte
Als die Menschen immer und überall ihre Lichter entzündet hatten und die Welt keinen Tag und keine Nacht mehr brauchten, da wurden die Himmelsbewohner sehr traurig, dann sehr nachdenklich und schließlich zornig. Das Sandmännchen schlug am Ende der Welt, dort wo Erde und Himmel sich berührten und ineinander verschmolzen, auf seine große, runde, blaue und mächtige Pauke und rief die Himmelsgeister zu sich. Die Menschen interessierten sich nicht mehr für sie, niemand besang den guten alten Mond oder sprach ein Gedicht, wenn sie zum Himmel schauten. Ja, die Menschen schauten gar nicht mehr zum Himmel. Sie wuselten auf der Erde wie ein riesiger Ameisenhaufen durcheinander. Und niemand bemerkte, wie sich die Sterne und der gute alte Mond zurückzogen. Halt, die Tiere bemerkten es natürlich. Die wilden und zahmen Katzen in aller Welt, konnten nicht mehr den großen gelben Mond anmiauen und ein nächtliches Konzert abhalten. Wölfe und Hunde konnten den Mond nicht mehr anheulen, um ihn zu begrüßen und sich mit ihm zu unterhalten. Den Eulen und Mäusen machte es jedoch wenig aus, wenngleich sie sich doch hin und wieder über die Dunkelheit beschwerten. Die Fledermäuse fühlten sich dabei sehr wohl. Sie schalteten einfach ihr eigenes Radar ein und fanden sich gut zurecht. Die Gespenster allüberall auf der Welt, in alten Gemäuern, Schlössern, Türmen oder Grüften, ärgerten sich und jammerten, dass sie nun die ganze Nacht spuken müssten und das war ziemlich anstrengend. Aber es gab auch Menschen, die von der Dunkelheit hellauf begeistert waren. Diebe, Räuber, Einbrecher hatten Hochkonjunktur und unendlich viel zu tun, sie vermischten sich mit den wenigen Schatten, die aus den Städten in die Welt drangen und die Welt nicht mehr tief schlafen ließ. Die Glühwürmchen versuchten, die Rolle der Sterne und des Mondes zu übernehmen und leuchteten vergeblich, die Raubtiere knipsen ihre Katzen-Augen ein und funkelten wie verirrte Irrlichter durch die Nacht.
Doch nur wenige Menschen und Tiere auf der Erde hatten das Verschwinden der Himmelslichter bemerkt. Einige Kinder fürchteten sich in der Dunkelheit und bekamen schlechte Träume.

So weit hatte die Ururgroßmutter die Geschichte erzählt. Doch die Ururururenkelkinder wollten wissen, wo denn die Himmelslichter abgeblieben sind und ob man sie nicht wieder zurückbringen könnte?
Das würde sehr viel Mut herausfordern und sei nicht ungefährlich, denn dann müsse man bis zum Ende der Welt laufen, meinte die Großmutter. Und schließlich müssten sich Menschen und Tiere verbünden und sich gemeinsam auf den beschwerlichen Weg machen.

Die Nachteule Schuhu saß just in diesem Augenblick auf der Tanne vor dem Haus und hatte durch das geöffnete Fenster alles gehört und gesehen. Und sie hatte eine Idee: sie würde nach mutigen Menschen und Tieren Ausschau halten, um den Mond und die Sterne zurück an den Himmel zu holen.

Auf ihrem Weg traf sie ein Kind, das sich verlaufen hatte, eine Maus, die hin und her huschte und nichts Besseres zu tun hatte, eine Elfe und einen Wichtelzwerg, die von der Idee sofort begeistert waren. Und so machte sich der kleine Zug der Mutigen auf den Weg. Am Ende der Welt befragten sie die Wolken, den Regen und klopften an das Haus des Sturmes. Selbst bei Frau Holle erhielten sie keine Auskunft. Und die Sonne schickte sie zum Sandmännchen, das vor langen langen Jahren am Ende der Welt lebte. Das Sandmännchen entdeckte verdutzt und fassungslos die seltsame Karawane, die direkt auf ihn zukam, als er wieder einmal mit seinem goldenen langen Fernrohr hinunter auf die Erde blickte. Es traute seinen Augen kaum, donnerte mächtig auf seine große Mitternachtspauke, um die Eindringliche ordentlich zu erschrecken und zu verscheuchen. Doch diese beeindruckte das kein bisschen. Wenige Minuten später blieben sie mutig vor dem verdutzt dreinblickenden Sandmann in seinem sternenbestickten blauen Morgenrock stehen. Sie berichteten von der Geschichte der Ururgroßmutter und ihrem Entschluss, den Mond und die Sterne zu überreden und zu überzeugen, wieder ihre Plätze am Himmel einzunehmen. Das Sandmännchen war ob dieser Geschichte so gerührt, dass es versprach der kleinen Gruppe zu helfen. Sie steckten ihre Köpfe zusammen und heckten einen genialen Plan aus. Sie stellten sich im Halbkreis auf und sangen lauthals und vielstimmig alle Sterne und Mondlieder, die sie jemals gehört hatten und rezitierten bittend alle Gedichte, die von den Himmelslichtern erzählten. Als der Mond und die Sterne diesen Liedern und Gedichten lauschten, kamen sie an das Ende der Welt und freuten sich, dass es doch noch Menschen und Tiere gab, die sie vermissten. Die Sterne zündeten ihre Sternlaternen an, putzten ihre goldenen Sternkronen, auch der Mond schnappte sich seine altehrwürdige Mondlaterne, eilte an seinen Himmelsplatz zurück und alle versprachen für immer und ewig zu leuchten und niemals wieder ihre Himmelslichter zu löschen.

Nachtrag, Aufarbeitung und Dokumentation

Tipp: Nach dem Spiel Lieder vom Mond und den Sternen gemeinsam singen und/oder Gedichten lauschen. Literacy Wettbewerb inszenieren: Wer kreiert ein eigenes Gedicht, Lied, Rapp oder eine Kurzgeschichte? Wer malt Bilder dazu und illustriert? Aus allen Beiträgen mit dem Theaterstück-Text und Fotos der Aufführung in einem Heft zusammenstellen und dieses am Schulfest verkaufen.

Spiele im Kreis, Halbkreis

Das Phantom geht um

Ein Kind denkt sich eine darzustellende Figur aus und benennt den Aktionssuchkreis: „Ich stamme aus dem Tierbereich. Ich stelle ein Handwerk dar. Was mache ich gerade? Welches Instrument spiele ich im Schulorchester oder wie fühle ich mich in diesem Augenblick?“

Harmlos oder gefährlich?

Hüpfen wie ein Frosch, sich auf dem Bauch winden wie ein Regenwurm, wie ein kleiner störrischer Esel mit den Hinterbeinen ausschlagen, mit den Armen das gefräßige Krokodilmaul darstellen und damit nach den Zuschauern schnappen oder summen wie eine Biene.

Sagt mir welches Handwerk ich ausführe

Als Frisör schneide ich mit einer imaginären Schere dem Kunden die Haare oder rasiere ihn. Ich bin ein Schatztaucher und tauche tief im Meer nach Perlen. Als Taxifahrer bringe ich den Gast zum Fußballplatz, als Mutter rühre ich den Kuchenteig an und backe den Geburtstagskuchen für Renate oder ich steige in einen Raumanzug, um zum Mond zu düsen.

Was mache ich gerade?

Zeitung lesen, Hausaufgaben machen, Mensch ärgere dich nicht spielen, eine Idee ausbrüten, Verzweifelt versuchen ein Gedicht zu schreiben, Zähne putzen, mein Schulbrot bestreichen ...

KOHL VERLAG Wir sind Kinder einer Welt – Bestell-Nr. 12 908

7. Weitere Bewegungs-Spielangebote

Orchester Probe

Spiele ich Gitarre, Klavier, Trompete, Querflöte, Pauke, Kontrabass, Triangel oder Pauke? Bin ich ein Dirigent oder gar ein Sänger?

Gefühle darstellen

Ich habe schreckliche Bauchschmerzen. Mein Magen knurrt hungrig. Ich habe mich verlaufen. Ich bibbere vor Angst. Mir ist so schlecht. Ich bin als Dieb unterwegs.

Teekessel Spiele - Begriffe

Begriffe mit doppelter Bedeutung durch zwei Mitspieler darstellen. Im Wechsel beschreiben sie ihren Begriff Schritt für Schritt.

Durchführung:
Bank: Sitzbank und Geldinstitut
Flamme: Feuer und neue Freundin
Lied: Augenlied und Musikstück
Fliege: Insekt und Hemdschmuck
Schloss: Gebäude und Teil der Türe
Jaguar: Wildes Tier und Automarke
Strauß: Großvogel und Blumengebinde
Rezept: Ärztliche Verordnung und Backanleitung
Stelle: Arbeitsplatz und Ortsbezeichnung
Stift: Schreibgerät und Auszubildender
Stollen: Höhlengang und Weihnachtsbackwerk

Tipp: Erkunde weitere Doppelbegriffe

Der große Zauberer Bimbamborium: Spielgeschichte mit Bewegungen

Material: Tuch, Trommel oder Pauke

Durchführung: Der Pädagoge erzählt:
Stellt euch vor, ihr seid gerade in der großen Pause im Schulhof. Im Gebüsch hat sich ein Zauberer versteckt, der euch in gefügige Roboter verwandeln möchte, ohne dass ihr es merkt. Ihr seid die Kinder, ich bin der Zauberer. Dieses Tuch ist mein Zauberturm, aus dem ich euch beobachten kann. Achtet auf meinen Zauberspruch:
Abra, kadabra, hokus, pokus, fidibus, alle Kinder stehen still, weil der Zauberer Bimbamborium es will. Seid leise und ganz still, weil jeder die Zauberaufgabe hören will.

Durchführung: Kinder lärmen wie in der Schulpause. Plötzlich ertönt geheimnisvoll der Zauberspruch. Alle Kinder bleiben wie erstarrt stehen und der Zauberer spricht seinen ersten Bann aus und alle Kinder können den Kopf nicht mehr bewegen. Nach einiger Zeit wird der Bann gelöst und durch die nächste Zauberaufgabe abgelöst. Sie mutieren zu Robotern, gehen langsam, der rechte Arm steht steif nach vorne gestreckt, gerade aus und ändern auf einen Zauberpfiff ihre Richtung, wechseln ihre Eigengeräusche vom Knattern übers Rattern zum laut fiepen.

Spielende: Alle schlafen ein, der Zauberer verwandelt sie mit einem Paukenschlag wieder in Kinder. Oder: Er verwandelt sie Schritt für Schritt rückwärts in Kinder.

KOHL VERLAG Wir sind Kinder einer Welt – Bestell-Nr. 12 908

7. Weitere Bewegungs-Spielangebote

Verzauberte Kinder

Material: Tuch

Durchführung: Der Zauberer (Pädagoge, Kind) verwandelt die Spieler mit Hilfe eines Tuches. Der Zauberer ruft laut und dröhnend: „Hokus pokus, dreimal schwarzer Kater, Krötenschleim und Mäusedreck, ihr alle als ... die Menschheit erschreckt!“ Alle agieren als Maikäfer, Düsenjäger, Hunde, Tänzer, hungrige Krokodile, Trampeltiere ... Wer vom Zauberer mit seinem Tuch berührt wird, setzt sich leise auf den Boden.

Variante: Der Düsenjäger wird ein Segelflugzeug. Der Hund wird ein Bär. Der Tänzer wird ein Einbrecher. Das Krokodil wird eine schnurrende Katze.

Variation in zwei Gruppen: Einige Kinder sind die Käfer auf der Wiese, die anderen sind Zauberer oder Elfen mit einem Tuch. Wen die Elfe berührt, der wird ein schlafender Käfer, wird er erneut berührt, darf er weiter krabbeln. Neue Aufgaben auch durch Kinder stellen lassen.

Natürliche Schattenbilder entdecken und Schattenkunst

Material: Digitalkamera, Sonnenlicht, großes weißes Blatt

Durchführung: Bewusst im Freien bei Sonnenschein nach interessanten Schattenbildern suchen und diese fotografieren. Aus dem Raum interessante Dinge suchen, sie zum Schattenturm auf ein helles Blatt anordnen, Handschatten auf ein weißes Blatt werfen und Alltagsdinge dabei fotografieren.

Schattenmalen: geht nur bei Sonnenschein

Material: Kreide

Durchführung: Die Kinder bilden Paare. Ein Spieler stellt sich bewegungslos hin und sein Schattenbild ist auf dem Schulhof, Gehweg, Autoparkplatz ... gut sichtbar. Der Partner zeichnet das Schattenbild mit Kreide nach, dann wird gewechselt.

Tipp: Wer macht dabei die seltsamsten Bewegungen, Körperformen oder bildet ein Denkmal?

Spiel Schattenräuber: geht nur bei Sonnenschein

Durchführung: Die Kinder laufen in der Gruppe über den Schulhof, ein oder mehrere Kinder werden als Fänger bestimmt. Der Fänger versucht, auf den Schatten eines Mitspielers zu springen. Dabei spielt es keine Rolle, welcher Körperteil dabei erwischt wird. Wer seines Schattens beraubt wurde, löst den Fänger ab.

Spiel Schattenburg

Geht nur bei Sonnenschein, man benötigt Schattenfläche von Mauern, Bäumen, Gebäude

Durchführung: Alle Spieler stellen sich in den Schatten, ihre Schattenburg, hinein. Ein Mitspieler lauert in der Sonne und beobachtet die Burgbewohner, die ihre Arme, den Kopf oder ein Bein aus der Schattenburg herausstrecken und somit ihren Körperschatten produzieren. Der Schattenräuber lauert in der Sonne und beobachtet die Kinder in der Schattenburg genau. Er rennt los, erwischt er den geworfenen Schatten eines Burgbewohners, tritt er sofort darauf und die Spielpositionen werden gewechselt.

Handschatten und Schattenköpfe

Material: Lichtquellen, aufgespanntes Tuch, Hände, Arme

Spieltechnik: dicht an der Leinwand spielen, Hände in Seitenansicht

Schattentiere mit der Hand

Mit Händen, Fingern oder Armen Tiere darstellen und lebendig werden lassen. Das macht einfach viel Spaß und ein besonderes Ratespiel entsteht.

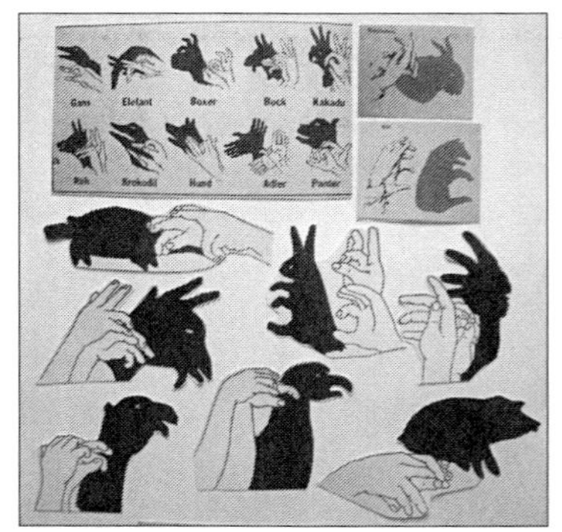

7. Weitere Bewegungs-Spielangebote

Schattenportrait: An der Wand ein schwarzes Papier mit der weißen Seite nach vorne, befestigen. Das Kind setzt sich in Seitenansicht direkt davor und wird mit Licht beleuchtet. Der Partner oder Pädagoge zeichnet den Umriss sofort nach; diesen ausschneiden und aufkleben.

Zuschauer einbinden

Spielende und Zuschauer bilden eine Einheit. Zuschauer dürfen aufstehen, in das Spiel eingreifen, sich einklinken und mitspielen oder sich zurückziehen. Aus diesen pantomimischen Agitationen entwickelt sich das Schattenspiel. Diese pantomimischen Vorübungen auch von Anbeginn an hinter der Schattenspielbühne erproben und ausleben.
Die Kinder spielen sich gegenseitig oder einer anderen Gruppe bzw. Klasse etwas vor. Als Kulisse eigenen sich Elternabend, Klassenfest, Einweihung, Jubiläum oder Verabschiedung, da Schattenspiele weitgehend unbekannt sind.

Spontanes Hände-in-Aktion Spiel

Hände sind ein geniales Spielwerkzeug. Sie können klatschen, schnalzen, winken, locken, drohen, deuten, zeigen, kitzeln, stupsen. In der Nase bohren, sich am Kopf kratzen, Läuse knacken, Haare kämmen, den Nachbarn zwicken, in den Haaren zausen. Die Hand über die Stirn legen und Ausschau halten, Finger in den Mund nehmen, Streithände darstellen, sich oder den Nachbarn streicheln, Zähne putzen, sich an der Nase kratzen, Fliegen verscheuchen, Katze kraulen, Schuhe binden.
Tipp: Spielkarten herstellen mit Piktogramm-Zeichnungen oder Wortbilder-Karte ziehen und Aufgabe darstellen

Spiel mit Alltagsdingen

Ein spannendes Detektiv-Spiel entsteht, wenn Kinder Alltagsdinge wie Kamm, Schere, Lineal, Schuh oder Stifte einsetzen. Auch Küchenutensilien oder Werkzeuge geben Schattenrätsel auf. Verändert sehen im Schatten auch Handpuppen, Spielsachen aus der Bauecke oder Spielmaterialien aller Art aus.

Spiele zu Hell und Dunkel

Blinde Kuh

Material:	Augenbinden
Durchführung:	Zwei Kinder mit verbundenen Augen stehen im Kreis, sie muhen sich zu und versuchen sich gegenseitig zu fangen und zu umarmen.
Variante:	Ein „blindes“ Kind versucht seinen sehenden Partner zu fangen oder zwei „Blinde“ versuchen sich aus dem Weg zu gehen und nicht zu begegnen.

Mit verbundenen Augen

die Tür öffnen, Blumen gießen, Saft trinken, etwas an die Tafel malen, Schuhe binden ...

Eigenen Schattenriss entdecken

Experimentelles Entdecken und Erkunden. Hinter der Leinwand sich im Profil vorstellen, dabei dürfen die Hände die Haare zerzausen, die Zunge wird herausgestreckt, lautlos gegähnt oder imaginär in der Nase gebohrt werden. Die Zuschauer werden aufgefordert, den Schattenriss einem Mitschüler zuzuordnen. Einzelheiten, die sonst zur Identifizierung eingesetzt werden, verschwinden hier.

Detektiv Ratespiel: Wer bin ich?

Die Kinder verstecken sich hinter einem Paravent oder unter einem Tuch und sind somit für die ratenden Zuschauer unsichtbar. Ein Spieler nach dem anderen kommt aus seinem Versteck und zeigt sich im Profil als berühmtes Kopf-Schattenbild. Die Zuschauer müssen das Schattenbild identifizieren.

8. Gruppenprobleme angehen, spielerisch und darstellend erkunden

In jeder Gruppe gibt es Wortführer und Angeber auf der einen Seite, schüchterne oder ausgegrenzte Kinder auf der anderen Seite. Eine Gruppe kann sehr unruhig sein und zeigt wenig Zusammenhalt. Einzelne Kinder finden keinen Zugang, sind nicht integriert oder Aggressionen belasten eine Gruppe. Gerade im Schattentheater bauen Kinder Hemmungen ab, die Leinwand schützt sie vor den Blicken der Zuschauer. Es ist schwieriger, ohne Sprache etwas so darzustellen, dass der Zuschauer es versteht. Hier nützt die große Klappe eines „Angebers" nichts, jetzt sind ganz andere Qualitäten gefragt. Ein zartes Kind, das gehänselt wird, stopft sich ein Kissen unter sein Shirt und mimt einen Dicken. Ein schüchternes Kind wird zum mutigen Lebensretter oder ein stotterndes Kind agiert als Tarzan, ohne zu befürchten, ausgelacht zu werden ...

Gedicht- und Lied-Präsentation

Diese Varianten eigenen sich für kleine Vorführungen mit wenigen Proben oder auch als Stegreifspiele, also nach dem Hören als Spontanspiele. Hierbei sprechen die Kinder frei, ohne Texte auswendig zu lernen und improvisieren voller Elan. Die einzelnen Textabschnitte werden vorgelesen, textlich aufgeteilt und rezitiert oder einfach auswendig gelernt. Vorschulkinder oder Erstlesekinder haben daran viel Spaß. Jedes Kind der Gruppe ist eingebunden und übernimmt seinen Part. Ein Lied wird in Verse aufgeteilt und intoniert: einzeln, in Kleingruppen oder als Chor. Weitere oder die vortragenden Kinder spielen und agieren dazu.

Bilderbücher, Märchen, Geschichten

Die Texte eines Bilderbuches abschnittsweise vorlesen oder erzählen und mit den Stabfiguren dazu agieren. Die Bilderbuchseiten kopieren, Figuren ausschneiden, eventuell auch vergrößern, auf Karton aufkleben und an Stäben befestigen.

Mutmach-Interpretationsgedicht

Ich springe bis zum Himmel hinauf

Ich drehe mich im Kreis geschwind	*sich im Kreis drehen*
so wild wie ein wilder Wirbelwind	*immer schneller drehen, bis man umfällt*
Ich tanze wie ein großer Bär	*tapsig, pfotenschlagend tanzen*
und galoppiere wie ein Pferd hin und her	*wiehernd eine Galopprunde drehen*
Ich springe bis zum Himmel hinauf	*so hoch wie möglich springen*
Setz mich hin, steh blitzschnell auf	*sich setzen und rasch aufstehen*
Ich schwebe wie eine Wolke	*Arme ausbreiten, leise gleiten*
und schwimme mit dem schnellen Delfin	*auf den Bauch legen, schwimmen*
nun husch ich wie ne kleine Maus	*leise trippelnd umherhuschen*
und stampfe laut, wie der Riesen-Klaus	*stampfen bis der Boden zittert*
Ich heule wie eine Sirene durch die Nacht	*Polizeiauto, Feuerwehr imitieren*
Flattere wie eine Fledermaus ganz sacht	*leise flatternd schweben, ohne anzustoßen*
hopple in meine Höhle nun	*Hasenhoppeln zum Wunschplatz*
Kuschle mich. Psst. Schnarche nun	*psst machen, sich einkringeln, schnarchen*

Tipp: Glöckchen beendet die Bewegungszeit, die Kinder kommen zum Kreis zurück.

8. Gruppenprobleme angehen, spielerisch und darstellend erkunden

Von Rittern, Räubern, Elfen: Traumgestalten

Ein Kind nach dem anderen nennt seine Wunschtraumfigur, spielt sie vor und alle spielen mit. Erklingt ein Glöckchen, bleiben sofort alle verzaubert stehen.

• Ich bin der mutige Ritter Kunibert und fechte mutig mit meinem Schwert	*Reitbewegungen* *imaginäres Fechten*
• Ich bin der Räuber Baldrian und raube was ich rauben kann	*durch die Nacht schleichen* *seinen Sack füllen*
• Ich bin das Gespenst Rührmichnichtan und flattre durch den tiefen Tann	*Schuhu rufen* *flattern, Gegenständen ausweichen*
• Ich bin die Elfe Sternenzelt und tanze durch die weite Welt	*schwebend tanzen,* *Sternenstaub verstreuen*

Ohne Reime, freie Sätze bilden

- Ich bin ein kleines Känguru und hopple durch die Welt, solange wie es mir gefällt.
- Ich bin der Frosch Fridolin und quake durch die Welt, solange wie es mir gefällt.
- Ich bin ein kleines Trampeltier und trample durch die Welt ...
- Ich bin eine kleine Fledermaus und flattre durch die Welt ...

Gedicht Interpretation mit Geräuschen, Stimme, Körperinstrumenten

Gum reist nach Afrika: Im Unterricht erarbeitet

Gedicht Zeile für Zeile vorlesen, die Bewegungen und Geräusche dazu machen.
Eigene Gum Reisen in andere Länder und Kontinente selbst erfinden.

Gum schläft und träumt in seinem Bett	*schnarchen*
mal zu verreisen, das wär´ nett.	*leise Gehgeräusche*
Er reist weit weg, bis Afrika	*Flugzeuggebrumm*
denn dort gibt´s Löwen, ist doch klar.	*Löwengebrüll*
Da trappelt es im Gebüsch ganz laut.	*Füße trappeln*
Ein Löwe? Bibbernd er sich umschaut,	*bibbern*
die Zähne klappern laut vor Schreck,	*Zähnegeklapper*
da bleibt ihm fast der Atem weg.	*kurz die Luft anhalten*
Nun hört er´s bellen,	*wütendes Hundegebell*
dann ein Quaken,	*Froschquaken*
ein Brüllen,	*Affengebrüll*
ein Summen,	*Bienen summen*
sogar die Bären schrecklich brummen.	*Bären brummen*
Dann ein Fauchen,	*Tiger fauchen*
ein Hecheln,	*Hunde hecheln*
ein Grunzen,	*Schweine grunzen*
ein Knurren,	*hungriges Knurren*
ein Gackern,	*Hühner gackern*
ein Krähen,	*Hähne krähen*
ein Pfeifen,	*Vögel pfeifen*

Wir sind Kinder einer Welt – Bestell-Nr. 12 908

ein Gurren,	*Tauben gurren*
ein Trampeln,	*laut mit den Füßen trampeln*
ein Zischen,	*Schlangen zischeln*
und Katzen die schnurren.	*Katzen schnurren*
Nun brüllt die Schar mit lautem Geschrei,	*alle Laute zusammen*
da flattern auch die Papageien herbei.	*Flügel schlagen, krächzen*
O Schreck, der Tiger ist nun hinter ihm her,	*Füße auf dem Boden scharren*
er keucht und stöhnt, das Atmen fällt schwer.	*keuchen und stöhnen*
Gum renn' und renn' und renn'	*rennen*
ob der Tiger ihn doch noch fängt?	*Angstlaute wie Nein, Hilfe*
Gum keucht und stöhnt, wacht endlich auf,	*stöhnen wie in einem Alptraum*
erleichtert sieht er: Ich bin zu Haus?	*erleichtert aufatmen*
Und fragt erstaunt: „Wo komm' ich her?“	*rufen: Wo komm ich her?*
erzähl's ihm doch, dann weiß er mehr.	*alle sagen: Brabbel, brabbel*

Tipp: Solche Interpretations-Geschichten machen nicht nur den Kindern großen Spaß. Auch Eltern und andere Zuhörer lassen sich in diese Mitmachgeschichten spontan einbinden.

Entspannungsspiel Frühlings-Igel:

Hände oder Massage mit einem Igelball

Text lernen, Bewegungen ausdenken oder Text und Massage festlegen. Nach mehrmaligem Spiel können die Kinder den Text auswendig. Ein Kind steht oder sitzt hinter dem Partnerkind und macht die Übung, dann wechseln. Alle Kinder sitzen im Kreis und massieren jeweils ihren Vordermann.

Ein kleiner Igel lieb und nett,	*Rücken mit der Handfläche kreisrund reiben*
der ruht sich aus im Blätterbett.	*mit Finger kleine Kreise zeichnen*
Da kitzelt ihn die Sonne wach.	*Rücken kitzeln*
Ich geh mal raus und seh mal nach.	*Finger klopfen auf den Rücken*
Sein Magen knurrt, das Frühstück ruft,	*Wirbelsäule entlang krabbeln*
ein fetter Wurm, das wäre gut	*liebevoll den Rücken kratzen*
und dann ein Schlückchen kühles Nass,	*Rücken zärtlich zupfen*
ein kleines Bad macht sicher Spaß.	*Schulter beidhändig antippen*
Einer Hummel hinterher	*wild über den Rücken krabbeln*
die zu schnappen ist nicht schwer.	*einmal mit der flachen Hand patschen*
Zum Nachtisch noch ein Vogelei	*neben der Wirbelsäule Kreise malen*
da ist doch sicher nichts dabei.	*die Wirbelsäule herunter tippen*
Richtig pappsatt ist er nun,	*beidhändig Rücken streicheln*
rasch nach Hause trippeln um sich auszuruhn.	*wild auf den Rücken trommeln*

Erweiterungen/Ergänzungen Kinder erfinden eigene Massagezeichen

Da traf er eine kleine Katze,
die kratzte ihn mit ihrer Tatze.
Er hüpfte voller Schreck,
blitzschnell ins nächste Eck.
Dort saß ein Igel, welch ein Glück.
„Hast du nicht Platz, komm rück ein Stück
und lass mich bei dir wohnen,
mit kuscheln werd ich's lohnen."
Der Igel sprach: „Ich habe Platz,
mach's dir gemütlich, sei mein Schatz."
Die beiden blieben für immer zusammen
und sind gemeinsam durchs Leben gegangen.

Rhythmisches Sprechgedicht

Rhythmisch sprechen, dazu klatschen, patschen, stampfen, mit den Fingern schnalzen usw. Mit Körperinstrumenten musikalisch untermalen. Schauspielerische Gestik, Mimik einsetzen. Rhythmische Begleitung mit Trommeln, Kieselsteinen oder Klangstäben.

Wer hat den Igel aus dem Winterschlaf geweckt?

Alle Kinder	*Wer hat den Igel aus dem Winterschlaf geweckt?*
Spielleiter zeigt auf ein Kind	*der Tobias*
Tobias ruft empört	*Wer, ich?*
Alle Kinder zeigen auf ihn	*ja, du!*
Tobias ertappt	*oje*
Alle Kinder empört	*Mit was?*
Tobias	*mit ... einem Apfel, Schnecke (Igels Speisekarte)*
Alle Kinder rufen	*Und wer war dabei?*
Tobias antwortet schuldbewusst	*die Susanne ...*
Susanne antwortet	*Niemals! – mit abwehrender Gestik*
Alle rufen:	*Wer dann?*
Susanne erwidert	*Der/die ... Emrana und zeigt auf das Kind*
Alle Kinder schütteln den Kopf	*sosososo – du? Und weitere empörte Laute*
Alle Kinder	*Die Emrana hat den Igel aus dem Winterschlaf geweckt.*

Das Spiel beginnt erneut. Bis alle Kinder an der Reihe waren. Besonderen Spaß macht es, in diesem Sprechgesang auch Gäste, Lehrkräfte usw. einzubeziehen.

Rhythmisches Sprechgedicht: Rhythmisch sprechen, dazu klatschen, patschen, stampfen, mit dem Finger schnalzen usw. Mit Körperinstrumenten musikalisch untermalen. Schauspielerische Gestik, Mimik einsetzen. Rhythmische Begleitung mit Holzblocktrommel, zwei Kieselsteinen, Klangstäben ...

KOHL VERLAG Wir sind Kinder einer Welt – Bestell-Nr. 12 908

8. Gruppenprobleme angehen, spielerisch und darstellend erkunden

Fingerspiel: Die fünf Igelkinder

(Die fünf Finger einer Hand bilden die Igelkinder.)

Fünf Igelkinder sind an den Waldrand gegangen,	*alle fünf Finger zeigen*
die wollten doch tatsächlich ein Fröschlein fangen.	
Der Erste war dick und fett und sprach: Wo ist denn nur die Schneck?	*Daumen zeigen*
Der Zweite sprach: Den Frosch, doch nicht die Schneck O je, nun ist er leider weg!	*dazu den Zeigefinger zeigen*
Der Dritte war der längste aber auch der allerbängste Er fing gleich an zu weinen. Wir fangen sicher keinen!	*Mittelfinger strecken*
Der Vierte rief: Ihr seid mir zu dumm da kehr ich lieber doch gleich um	*dazu den Ringfinger strecken*
Der Fünfte, der kleinste, wer hätte das gedacht, der hat das Fröschlein gefangen und nach Hause gebracht. Da haben sich alle gefreut und schrecklich gelacht Hahahahaha	*kleine Finger allein strecken* *Alle Finger zu Stacheln ausstrecken, Faust der zweiten Hand dahinter als Frosch verstecken*

Arm-Hände Fingerspiel: Busfahrt-Abenteuer

Die Räder vom Bus drehen sich rundherum – rundherum – rundherum. Die Räder vom Bus drehen sich rundherum (mit den Händen das drehen der Räder nachmachen), überall auf der Welt (*klatschen*).

Die Türen vom Bus gehen auf und zu – auf und zu – auf und zu. Die Türen vom Bus gehen auf und zu (die Hände vor der Brust auf und zu schieben), überall auf der Welt (*klatschen*).

Die Hupe vom Bus macht tut tut tut – tut tut tut – tut tut tut. Die Hupe im Bus macht tut tut tut (*bei tut tut tut in die Hände klatschen*), überall auf der Welt (*klatschen*).

Die Scheibenwischer vom Bus gehen hin und her – hin und her – hin und her.

Die Scheibenwischer vom Bus gehen hin und her (*mit beiden Zeigefingern hin- und her wippen*), überall auf der Welt (*klatschen*).

Die Blinker vom Bus machen blink blink blink – blink blink blink – blink blink blink.

Die Blinker vom Bus machen blink blink blink (*mit Zeigefingern und Daumen schnippen*), überall auf der Welt (*klatschen*).

Die Lichter vom Bus gehen an und aus – an und aus – an und aus. Die Lichter vom Bus gehen an und aus (*Hände zu Fäusten machen und immer wieder öffnen*), überall auf der Welt (*klatschen*).

Die Bremsen vom Bus machen quietsch quietsch quietsch – quietsch quietsch quietsch – quietsch quietsch quietsch. Die Bremsen vom Bus machen quietsch quietsch quietsch (*Hände reiben*), überall auf der Welt (*klatschen*).

Der Motor vom Bus macht brumm brumm brumm – brumm brumm brumm – brumm brumm brumm. Der Motor vom Bus der macht brumm brumm brumm (*sitzend in der Luft mit den Beinen Radfahren*), überall auf der Welt (*klatschen*).

Die Fenster vom Bus gehen hoch und runter – hoch und runter – hoch und runter.

Die Fenster vom Bus gehen hoch und runter (*mit den Händen hoch und runter zeigen*), überall auf der Welt (*klatschen*).

8. Gruppenprobleme angehen, spielerisch und darstellend erkunden

Der Fahrer im Bus fährt nach links und rechts – nach links und nach rechts – nach links und nach rechts. Der Fahrer im Bus fährt nach links und nach rechts (*mit einem unsichtbaren Lenkrad nach links und nach rechts fahren*), überall auf der Welt (*klatschen*).

Die Babys im Bus schreien: Wäää wäää wäää – Wäää wäää wäää – Wäää wäää wäää.

Die Babys im Bus schreien: Wäää wäää wäää (*beide Hände zu Fäusten machen und dann vom Körper weg strecken*), überall auf der Welt (*klatschen*).

Die Mamas im Bus machen: Psst psst psst – Psst psst psst – Psst psst psst. Die Mamas im Bus machen: Psst psst psst (*Zeigefinger auf den Mund*), überall auf der Welt (*klatschen*).

Die Papas im Bus sagen: Lass sie doch – Lass sie doch – Lass sie doch. Die Papas im Bus sagen: Lass sie doch (*mit einer Hand wegwinken*), überall auf der Welt (*klatschen*).

Die Kinder im Bus, ja die sind so laut – sind so laut – sind so laut. Die Kinder im Bus, ja die sind so laut (*sind so laut: ganz laut singen!*), überall auf der Welt (*klatschen*).

Alle Leute im Bus schaukeln hin und her – hin und her – hin und her. Alle Leute im Bus schaukeln hin und her (*mit dem Körper hin und her schaukeln*), überall auf der Welt (*klatschen*).

Die Reise mit dem Bus ist nun leider vorbei – leider vorbei – leider vorbei. Die Reise mit dem Bus ist nun leider vorbei (*mit den Händen ein „Schade" machen*), leiiiideeeer vorbeiiiiiii (*länger klatschen*).

KOHL VERLAG Lernen mit Erfolg Wir sind Kinder einer Welt – Bestell-Nr. 12 908

9. Theater, Theater

Fingerring Rollenkinder und Tiere

Material: Tonpapier, Bleistift, Schere, Farbstifte, Wackelaugen

Durchführung: Um den Zeigefinger locker einen Papierstreifen 2- bis 3-mal wickeln und zur Röhre zusammenkleben. Papierkopf zuschneiden, gestalten und aufkleben. Fingerringpuppe auf den Finger stecken und losspielen.

Rollen Kasperletheater

Material: Klorolle, Tonpapier, Wackelaugen, Perlen, Märchenwolle, Federn, Farbstifte, Faschingsrolle, Filzreste, Restpapier, Band, Schere, Klebstoff

Durchführung: Rolle mit Tonpapier beziehen. Haare aufkleben, Wackelaugen anfügen, Papierarme mit Händen und typischen weiteren Figurenmerkmale hinzufügen.

Tipp: Weitere Rollenfiguren ausprobieren wie Räuber, Polizist, Zauberer, Hexe, Krokodil ...

Becher Faustpuppen

Material: Plastik- oder Papiertrinkbecher, Papierreste, Wackelaugen, Knöpfe, Filzstifte, Watte, Pfeifenputzer, Klebstoff, Schere

Durchführung: Kopf, Ohren, Füße, Hände usw. aus Papierresten zuschneiden und ausgestalten. Sie mit Klebstoff aufkleben. Auf die Faust setzen und spielen.

Küchen- und Bestecktheater

Material: Besteck, Küchenutensilien, Papierreste, Pompon, Klebstoff, Schere

Durchführung: Aus alltäglichen Küchenutensilien entwickeln sich erzählende Gesellen. Diese fantasievoll umdeuten. Vielleicht unterhalten sie sich über gesundes, ungesundes Essen, Rezepte oder intonieren ein Küchenkonzert?

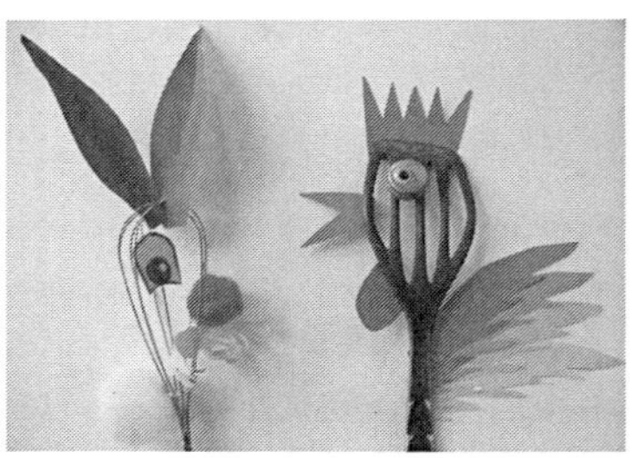

Schuhtheater

Materialien im Vorfeld sammeln

Alter Schuh, Gummistiefel, Hausschuh, Restpapier, Blätter, Kugeln. Verschlüsse, Utensilien aller Art, Papierschlangen für Haare usw. Klebstoff, Schere

Durchführung: Den Schuh, Stiefel zuerst mit den aufzuklebenden Materialien durch Hinhalten auf seine Wirkung überprüfen. Diese nun Schritt für Schritt ausgestalten. Hier Maus, Löwe und Waldgnom. Später eine künstlerische Schuhausstellung arrangieren. Gestaltete Schuhe an der Schuhsohle anfassen und das Schuhtheater startet.

9. Theater, Theater

Flaschen-Theater

Material: saubere Plastikflasche z. B. von Reinigungsmitteln, Wackelaugen, Federn, Restpapier, sonstige dekorative Dinge, Klebstoff, Schere

Durchführung: eindeutige Attribute wie Federschwanz, Drachenschwanz, Flügel, Maul oder Schnabel einsetzen und gestalten

Aufbewahrung: gestaltete Flaschen als Blickfang im Flur, Eingangsbereich zur Nachahmung vorstellen

Eier-Theater nicht nur in der Osterzeit

Material: Plastikeier, Edding-Farben, Buntpapier, Krepppapier, Tonpapier, Perlen, Kugeln, Wackelaugen, Federn, Pfeifenputzer, Schere, Klebstoff, Stäbe

Durchführung: Den Eierkopf zu einer Figur gestalten. Haare, Federn und weitere Attribute hinzufügen. Bei Bedarf mit einer Stricknadel Löcher für Arme oder Beine einstechen und diese gestalten.

Durchführung für Tiere: Ei waagrecht oder senkrecht legen. Mit Ohren, Nase, Papierbarthaaren, Wollmähne, Papierflügel, Federschwanz usw. ausstaffieren.

Aufbewahrung: Stäbe herausziehen, in Schachteln aufbewahren, auf Moos-Tisch einbetten.

Finger-Schachtel-Theater

Material: kleine Schachteln oder Dosen, Tonpapier, Krepppapier, Felle, Verschlüsse, Farben, Wackelaugen und weitere kleine Utensilien, Klebstoff, Schere, Spieltuch

Durchführung: Ein Fingerloch auf der Unterseite heraustrennen und nun die Schachtel mit passendem Tonpapier ummanteln. Attribute wie Ohren, Nase, Augen, Haare, Schwanz usw. aus Wunsch-Materialien anbringen.

Spielanweisung: Tuch über den Zeigefinger legen, ins Hals-Rohr stecken, Daumen und Mittelfinger sind Spielhänden.

Büchsen- und Dosen-Theater

Material: gesäuberte Büchse ohne Deckel, Wollreste, Wackelaugen, Knöpfe, Pfeifenputzer, Pailletten, Federn, Märchenwolle, Schere, Klebstoff

Durchführung: Bei Büchsen eventuell den offenen Rand mit einem Streifen Klebeband überkleben, um sich nicht zu schneiden. Öffnung nach oben oder nach unten, um Faust hineinzustecken. Die Büchse zur Wunschfigur umgestalten.
Zuerst die Dose Schritt für Schritt mit Klebstoff besteichen und mit Wolle dicht umwickeln. Nun das passende Gesicht gestalten und die Attribute wie Augen, Nase, Mund, Stirnband aufkleben und die Federn am Innenrand festkleben.

Wir sind Kinder einer Welt – Bestell-Nr. 12 908
KOHL VERLAG

9. Theater, Theater

Scheiben-Fingertheater

Material: Tonkarton, Restpapier, Federn, Wackelaugen, Filzstifte, Bleistift, Schere, Klebstoff

Durchführung: Runde oder andere Gestaltungsformen mit dem Bleistift vorzeichnen und diese Grundform ausschneiden. Je nach Position ein Fingerloch für den Fingerwurm-Elefantenrüssel anzeichnen und herausschneiden. Bei zwei laufenden Figuren unten zwei Fingerlöcher herausschneiden. Ausprobieren, ob diese für die Finger groß genug sind. Die Figuren nun ausgestalten und zum Leben erwecken.

Spielanregungen als Gefühlsbarometer:
Mit dem Wort ICH beginnen.
Ich fühle mich heute Morgen ..., weil – Ich fürchte mich vor ... Ich traue mich nicht zuzugeben, dass ich ... Ich werde ausgegrenzt ... Man hat mich unfair beurteilt, weil ...

Scheiben-Puppentheater

Material: feste Papier- oder Kartonkreise, Fell oder Märchenwolle, Filzreste, Farben, Bommel, Klebstoff, Schere

Durchführung: Einen Kreis zuschneiden, diesen zum typischen Spielgesicht ausgestalten und Haare, Mütze oder sonstige Kopfbedeckung hinzufügen. Auf der Rückseite für einen Finger einen Kartonstreifen hinzufügen. Einen Finger durchstecken und spielen.

Tipp: Über den Finger eine Serviette oder ein Stoffstück legen und fertig ist das Spielkleid.

Spatel-Tiere

Material: Holzspatel oder feste Kartonstreifen, Farben, Restpapier, Wackelaugen, Pailletten, Goldfolienrest, Schere, Klebstoff, Spielleiste

Durchführung: Spatel mit Papier bekleben, Gesicht in Seitenansicht hinzufügen. Attribute wie Mähne, Schwanz, Ohren, Schnauze anfertigen, gestalten und ankleben.

9. Theater, Theater

Rumpumpel Tüten-Schlupfmännchen Theater

Material: Karton, Stoff, Bordüre, Kugel, Fellreste, Laternenstab, Klebstoff, Schere, Schnittmuster für Tüte und Kleid

Durchführung: Viertel Tütenkreis zuschneiden, Eckspitze abschneiden, damit der Stab eingeschoben werden kann. Mit Stoff bekleben, bei Bedarf diese verzieren und Spieltüte zusammenkleben. Kleid anfertigen, Kopfkugel gestalten und den Stab durch die Tüte in den Figurenkopf schieben, auch einkleben. Kleid in der Tüteninnenseite festkleben. Durch Ziehen verschwindet die Figur in der Tüte oder kommt heraus. Am Kindergeburtstag wurde dieser Überraschungsgast immer mit Spannung erwartet.

Der Geburtstagsrumpumpel gratuliert: Ritual zum Geburtstag

Es spielen mit: Schlupf-Tüten-Männchen und die Klasse
Geburtstagskind sitzt am Tisch, eine Kerze brennt. Es darf den Rumpumpel rufen. Pädagoge oder Schüler lässt ihn langsam aus der Tüte kommen, er schlüpft immer wieder hinein, das Geburtstagskind ruft ihn mehrmals, auch mit Gruppenverstärkung. Endlich ist er wach und in voller Größe zu sehen. Er gratuliert dem Geburtstagskind, dieses erfasst seine Hand und dann wird das Geburtstagslied gesungen. Bevor das Schlupfmännchen in die Tüte schlüpft, fordert er alle Kinder auf, sich zu einer Gratulations-Kette aufzustellen, damit jeder, der möchte, dem Geburtstagskind seine persönlichen Wünsche sagen kann und ihm gratuliert. Das Männchen schlüpft langsam hinein, kommt nochmals heraus, winkt, bis es verschwunden ist und man es ganz leise schnarchen hört. Es wird am nächsten Kindergeburtstag wieder geweckt werden.

Stab-Eulen und Eulenspiel

Material: fester Karton, Bleistift, Papierstreifen, Restpapier, Filzstifte, Klebstoff, Schere

Durchführung: Körper und Kopf in zwei Teilen oder als Ganzes aufzeichnen, und mit Papierstreifen oder Stiften ausgestalten. Gesicht anfertigen, dabei große Eulenaugen und abstehenden Schnabel einplanen. Flügel zuschneiden, gestalten und anbringen. Auf der Rückseite den Holzstab hinzufügen. Was sie sich wohl zu erzählen haben?

Eulengeflüster Spielanregung

- Waldeule und Schneeeule begegnen sich und erzählen über ihre unterschiedlichen Lebensweisen und Erlebnisse.
- Eulen, Eulenvögel, Uhu, Eulen in Märchen und Sagen, Eulen als Sinnbild der Weisheit lebendig werden lassen.
- Das Leben der Fledermaus erkunden.
- Fledermaus und Hausmaus begegnen sich und erzählen aus ihren unterschiedlichen Lebensweisen.
- Angst vor Mäusen und Fledermaus (Vampire) abbauen.

9. Theater, Theater

Aufbewahrung, Dekoration

An der Tür/Wand oder am großen Schulfenster einen großen Baum/verzweigten Ast mit Blättern zeichnen. Die Eulen mit etwas Kleister ankleben (Figuren lassen sich später problemlos abziehen) dekorativ dazwischen einfügen.

Fledermaus-Spiel

Material: CD, Papier, Klebeaugen, Knopf, Filzstifte, eventuell Schablone für Fledermausflügel, Band oder Spielstab

Durchführung: Die CD wird zum Tierbauch, erhält Augen, Knopfnase und Papierzähne. Beide Flügel im Doppelschnitt zuschneiden und Fingerstreifen einzeichnen. Im Doppelschnitt die Beine anfertigen. CD umdrehen und auf der Rückseite Flügel und Beine befestigen.

Fledermausfabel darstellen

Es war am frühen Abend. Die Sterne funkelten am nachtschwarzen Himmel, als sich eine Fledermaus gerade nach langem Stechmückenfangen erschöpft an einem Baumstamm an der Rinde festkrallte. Leider aber nicht hoch genug, denn es pirschte sich ein Wiesel herbei und wollte sich die Fledermaus als leckeres Abendbrot schnappen. In Todesangst fiepste sie: „Tu mir nichts, lass mich doch am Leben!“ Das hungrige Wiesel aber fauchte: „Da hast du Pech gehabt, denn ich hasse Vögel über alles und werde dich nun verspeisen.“ Die Fledermaus nahm all ihren Mut zusammen und sagte forsch: „Brauchst du eine Brille? Das sieht doch jedes Kind, dass ich kein Vogel, sondern eine Maus bin!“ Erschrocken entschuldigte sich das Wiesel und eilte fort. Die Fledermaus war zufrieden und verließ ihren gemütlichen Platz nicht. Es raschelte im Gras und ein anderes Wiesel starrte sie an: „Hm, lecker, ein willkommenes Abendbrot ich hasse alle Mäuse, also auch dich.“ Die Fledermaus beteuerte sofort ihre Unschuld: „Bist du blind! Ich bin doch keine Maus!“ Und breite rasch ihre Flügel aus. „Das sieht doch jeder, dass ich ein Vogel bin!“ Verdutzt schaute das Wiesel die fliegende Maus an und murmelte: „Entschuldige die Verwechslung!“ Die Fledermaus war sehr erleichtert, breitete ihre Flügel aus und schwirrte auf und davon.

Tipp: Die Kinder erfinden eine eigene weitere, spannende Geschichte.

Chenille Kindergedicht

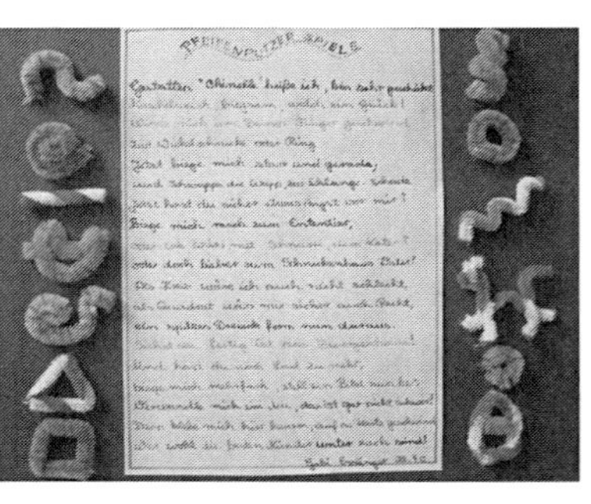

Material: Tonpapier, Filzstifte, Gedicht, Pfeifenputzer, Klebstoff, Schere, Schnurspiele: Formen zum Gedicht hinzufügen

Durchführung: Gedicht notieren oder kopieren, auf Tonpapier aufkleben und beidseitig passend zum Text mit Pfeifenputzer gestalten.

Tipp 1: Gedicht in unterschiedlichen Farben (Kuli, Filzstifte) abschreiben, Figuren passend dazu mit Chenille formen, einfügen und auf passendes Lieblingsfarbenblatt aufkleben.

Tipp 2: eigenes Gedicht kreieren

9. Theater, Theater

Unser Gedicht

Gestatten, „Chenille“ heiße ich und bin sehr geschickt,
kuschelweich und biegsam, welch ein Glück.
Winde mich um deinen Finger geschwind,
zu Wickelschnecke oder Ring.
Jetzt biege mich starr und gerade,
und schwups die wups zur Schlange, wie schade.
Jetzt hast du sicher etwas Angst vor mir?
Bieg mich rasch zum Ententier
oder wie wäre es mit Schnurri, dem Kater
oder doch lieber zum Schneckenhausvater?
Als Kreis wäre ich auch nicht schlecht,
als Quadrat wäre es mir sicher auch Recht,
ein spitzes Dreieck form nun daraus,
siehst du, fertig ist das Zwergenhaus!
Und hast du noch Lust zu mehr,
biege mich mehrfach, stell ein Bild nun her.
Verwandle mich im Nu, das ist nicht schwer.
Dann klebe mich hier herum, auf eine Karte geschwind,
wer wohl die besten Künstler unter euch sind?

Faden-Formenbilder

Material und Durchführung: Auf das Zeichenblatt oder Karton eine zum Text passende Form mit Klebstoff vorzeichnen und Kordel, Garn, Wollfaden, Paketschnur sofort aufdrücken. Alle Bilder zum Wandfries oder Plakat anordnen.

Meine Wunder-Zauberschnur: Aus dem Unterricht

Diese Schnur, welch ein Wunder	*mit der Schnur in der Luft wedeln*
dreht als Schlange ihre Runde.	*Kringelschlange legen*
Sie rollt sich gar zur Schneckennudel ein	*Schneckennudel formen*
und schmatzt dazu wie ein kleines Schwein.	*quieken und schmatzen*
Nun wird daraus eine Wolke gar,	*Wolke formen*
die legt sich nun zum Herzen, fürwahr.	*Herz legen*
Ach quatsch, das ist ne Minimaus,	*Maus entsteht*
oder gar ein kleines Haus?	*Hausform legen* 
Aber nein, das ist das Zauberhaus,	
vom Nikolaus und dem kleinen Klaus.	*legen: Das ist das ...*
Ich schreibe Mama ganz geschwind	*schreiben*
ich male einen Drachen, der fliegt im Wind.	*Drachenform mit Schnur*
Meine Wunder-Schur fühlt sich so allein,	*seufzen*
kommt lasst uns alle gemeinsam sein.	*Au ja, rufen*
Wie wär's mit einem Riesentier?	*Riesentier mit allen Schnüren legen*
Au ja, eine Spinne, ich fürchte mich vor ihr.	*daraus eine Spinne legen*
Eine Qualle wär auch nicht schlecht,	*sie verwandelt sich in eine Riesenkrake*
oder besser eine Zauberblume oder Hecht?	*und in eine große Zauberblume*
Vorbei ist nun die Zauberzeit	*alle Schüre mittig zusammenhüfen*
zum Aufräumen seid ihr nun alle bereit?	*in einen Karton legen und aufräumen*

9. Theater, Theater

Schattentheater Weihnachtsgeschichte nach dem Lukasevangelium

Lukas 2, 1-20

Spielfiguren: Einen Karton für ein Schattentheater zuschneiden. Schattenspielbühne vorbereiten und die Geschichte nachspielen. Figuren aushöhlen und mit Transparentpapier hinterkleben.

Geschichte: Und es begab sich aber zu der Zeit, dass ein Gebot von Kaiser Augustus ausging, dass alle Welt geschätzt würde. Und diese Schätzung war die allererste und geschah zu der Zeit, da Cyrenius Landpfleger in Syrien war. Und jedermann ging, dass er sich schätzen ließe, ein jeder in seine Stadt. Da machte sich auch Joseph aus Gallien aus der Stadt Nazareth auf, in das jüdische Land, zur Stadt Davids, die da heißt Bethlehem, weil er von dem Hause und Geschlechte Davids war; auf dass er sich schätzen ließe mit Maria, seinem vertrauten Weibe, die war schwanger. Und als sie daselbst waren, kam die Zeit, dass sie gebären sollte und sie gebar ihren ersten Sohn und wickelte ihn in Windeln und legte ihn in eine Krippe, denn sie hatten sonst keinen Raum in der Herberge. Und es waren Hirten in derselben Gegend auf dem Felde bei den Hürden, die hüteten des Nachts ihre Herde. Und siehe, der Engel des Herrn trat zu ihnen und die Klarheit des Herrn leuchtete um sie und sie fürchteten sich sehr: Und der Engel sprach zu ihnen: „Fürchtet euch nicht. Siehe, ich verkündige euch große Freude, die allem Volk widerfahren wird; denn euch ist heute der Heiland geboren, welcher ist Christus, der Herr, in der Stadt Davids. Und das habt zum Zeichen, ihr werdet finden das Kind in Windeln gewickelt und in einer Krippe liegen." Und alsbald war da bei dem Engel die Menge der himmlischen Heerscharen, die lobten Gott und sprachen: „Ehre sei Gott in der Höhe, und Frieden auf Erden, und den Menschen seines Wohlgefallens." Und als die Engel von ihnen gen Himmel fuhren, sprachen die Hirten untereinander: „Lasst uns nun gehen gen Bethlehem, und die Geschichte sehen, die da geschehen ist, die uns der Herr kundgetan hat." Und sie kamen eilends und fanden beide, Maria und Joseph, dazu das Kind in der Krippe liegen. Als sie es aber gesehen hatten, breiteten sie das Wort aus, welches zu ihnen von diesem Kind gesagt war: Und alle, die es hörten, wunderten sich der Rede, die ihnen die Hirten gesagt hatten. Maria aber behielt alle diese Worte in ihrem Herzen. Und die Hirten kehrten wieder um, priesen und lobten Gott für alles, was sie gehört und gesehen hatten, wie denn zu ihnen gesagt war.

Darbietung

Ein Erzähler liest die Weihnachtsgeschichte aus der Bibel Schritt für Schritt vor oder erzählt sie. Diese nun mit Schattenstab-Figuren lebendig werden lassen. Dies ist eine ungewöhnliche, aber faszinierende Darstellung der Weihnachtsgeschichte.

Weitere Sprachspiele ausprobieren

- Eine Fabel erzählen und die Kinder erzählen diese in eigenen Worten nach.
- Eine Kurzgeschichte erzählen: O je, das Ende habe ich verloren, wer hilft mir weiter?
- Rätsel mit Lösungen erfinden: Ich kenne ein Tier, das trägt sein Haus spazieren: Schnecke ...
- Zungenbrecher erlernen: In Ulm, um Ulm und um Ulm herum: Wer schafft es fehlerfrei?
- Miteinander ein kleines Gedicht, ein Fingerspiel oder einen Reim fehlerfrei lernen.

9. Theater, Theater

Reportage mit einer Handpuppe

Dies erfordert Merkfähigkeit, Konzentration, exaktes Beschreiben oder den Sachverhalt zu erfassen. Hierbei agiert eine Handpuppenfigur oder der Kasper als Vermittler. Gerne erproben die Kinder auch die Rolle eines Zeitungsreporters, Interviewers, Fernsehjournalist oder Nachrichtensprechers. Spannend ist auch: einen erzählten und geschilderten Unfall aus unterschiedlicher Sicht schildern.

Gerücht verbreiten

Einige zuhörende Kinder verlassen vor Beginn die Gruppe. Die Handspielfigur erzählt eine kurze Geschichte mit vielen Details: Ich habe etwas verloren, ich habe mich verlaufen, ich habe genau gesehen wie ... Nun wird Olav hereingerufen und ein Kind aus der Gruppe schildert den Vorfall. Olav ruft das nächste Kind herein und Olav erzählt der Susi nun die Geschichte. Susi ruft das nächste wartende Kind herein und ihm wird nun diese Geschichte weiter berichtet. Die Zuhörer dürfen nicht eingreifen, erleben aber hautnah, wie sich eine Geschichte Schritt für Schritt langsam verändert und damit wird ein Gerücht geboren. Zur Auflösung erzählt ein Kind diese Urgeschichte oder der Pädagoge liest sie vor. Großes Staunen.

Musik mit einer Handpuppe erkunden.

Der Kasper oder eine Handpuppe führen ein Lied, Gedicht ein, um die Kinder zu motivieren, mit der Spielfigur dieses zu erarbeiten und zu lernen. Ziel ist es, die Melodie und die Textsicherheit zu erarbeiten. Genauso werden mit Hilfe der Figuren Instrumente sowie Instrumentenklang kennengelernt. Dabei unterlaufen der Figur ständig Fehler und die Kinder genießen es, diese begierig zu verbessern. Kasper zeigt Instrumente, benennt sie falsch. Er behauptet, eine Trompete macht klimper klimper, das Klavier trommle oder die Gitarre würde bellen usw. Er fordert die Zuhörer auch auf, sich zur Musik spontan zu bewegen. Begeistert erkunden die Kinder so auch Klassische Musik und tanzen mit Tüchern dazu. Kinder lauschen versunken z. B. der Kleinen Nachtmusik, dem Blumenwalzer oder Vivaldis Vier Jahreszeiten. Musik und Instrumente identifizieren ist ein besonderes Klangerlebnis bei „Peter und der Wolf".

Spiel: Die Krone mit den sieben goldenen Spitzen

Kasperlespiel begeistert nicht nur Kinder und es ist einfach nur wunderschön, wenn dieser ganz besondere Gast in die Einrichtung kommt. Ich habe immer wieder mit meinen Kolleginnen, Mitarbeitern oder Eltern diese Chance ergriffen und umgesetzt. Meistens haben wir uns nur auf den besprochenen Inhalt fokussiert und dann einfach unbeschwert drauf losgespielt.

Es spielen mit: Kasper, Prinzessin Tausendschön, König, böse Hexe Larifari, Krokodil Schnappi

Im Königsschloss

Prinzessin: „Kommt, macht einen Knicks. Ich bin die Prinzessin Tausendschön vom Märchenland. Heute bin ich sehr traurig. Wisst ihr warum?"

Kinder: „Nein!"

9. Theater, Theater

Prinzessin: „Mein Vater, der Herr König, hat sein Krone verloren, die Krone mit den sieben goldenen Spitzen! Nun kann er nicht mehr regieren." Prinzessin seufzt: „Ach, wie ist das schrecklich." Weint leise. Steht auf: „Aber jetzt weiß ich etwas! Ich werde meinem Vater, dem Herrn König helfen." Sie ruft: „Papa, Papachen."
König: Kommt mit der Nachtmütze auf dem Kopf. „Was gibt es denn, mein Töchterchen?"
Prinzessin: „Du musst jetzt nicht mehr traurig sein. Ich werde deine Krone suchen, die kann ja nicht vom Erdboden verschwunden sein."
König: „Aber geliebtes Kind, wie willst du das machen. Meine Diener haben doch schon längst das ganze Schloss abgesucht und nichts gefunden."
Prinzessin: „Zuerst gehe ich noch einmal durch alle königlichen Räume. Ich schaue unter die Schränke. Blicke in alle Mäuselöcher hinein. Und dann laufe ich in den Garten und schaue hinter jede Hecke, unter jeden Busch, sogar in alle Vogelnestchen. Und wenn ich die Krone gefunden habe, dann bringe ich sie dir."
König: „Gut, meine Tochter, so gehe nur gleich. Und viel Glück."
Prinzessin: „Auf Wiedersehn Papachen." Macht einen Knicks und geht.
König: „Kinder, passt bitte gut auf Prinzessin Tausendschön auf, damit ihr nichts geschieht. Wollt ihr das für mich tun? Mein königlicher Dank sei euch gewiss."
Kinder: „Ja!"
König: „Ich danke euch sehr." Verbeugt sich. „Ich habe nun keine Zeit mehr, ich muss mein Königreich regieren. Ach nein! Mit meiner Nachtmütze kann ich doch nicht regieren! Da würden alle meine Untertanen sofort einschlafen." Er seufzt. „Ach, wie ist das traurig, so unendlich traurig. Meine Krone ist spurlos verschwunden." Er geht fort. Eine Fanfare erklingt.

Im Wald bei der bösen Hexe Larifari
Prinzessin tritt auf: „Ich habe das ganze Königsschloss abgesucht. Von der Krone keine Spur. Jetzt werde ich den Wald absuchen."
Hexe: Kommt angeschlichen: „Du kleines Ding, was suchst du denn hier in meinem Wald?"
Prinzessin: „Ich suche die Krone meines Vaters, die Krone mit den sieben goldenen Spitzen. Hast du sie vielleicht gesehen, liebes Kräuterweibchen?"
Hexe: „Ich? Hihihihihi! Ich habe nichts gesehen. Nein, nein, nein, gar nichts habe ich gesehen. Hihihihihi! Geh nur wieder nach Hause."
Prinzessin: „Ich kann aber nicht nach Hause gehen. Ich muss die Krone finden, sonst kann mein Vater, der Herr König, nicht mehr regieren."
Hexe: Ärgerlich: „Ach was, du dummes Ding. Hier im Wald gibt es keine Kronen. Nun geh schon. Geh, fort mit dir!" Sie jagt die Prinzessin fort. „So nun ist sie fort. Hihihihihi! Natürlich habe ich die Krone gesehen! Sie lag unter dem Fenster. Schnell habe ich sie eingesteckt. Nun gehört sie mir. Mir allein." Sie holt die Krone, schaut sie an. „Wie sie funkelt. Wie sie in der Sonne glitzert." Sie setzt die Krone auf. „Eine so schöne Krone. Eine so wunderschöne Krone. So eine habe ich mir schon immer gewünscht. Und nun gehört sie mir. Mir gehört die Krone mit den sieben goldenen Spitzen." Nimmt sie ab, zählt alle Spitzen nach: „1, 2, 3, 4, 5, 6, 7"
Das Krokodil ist währenddessen leise hereingekrochen, schaut der Hexe zu, schleicht sich näher und näher und als die Hexe die Krone kurz ablegt, schnappt das Krokodil blitzschnell zu und läuft ganz leise auf und davon.
Hexe: Springt auf und schreit: „Halt. Haltet den Dieb. Gib mir meine Krone zurück. Du elender Dieb! Du gemeiner Dieb! Du stehlendes Ungeheuer! Meine Krone, gib mir meine Krone zurück." Hexe rennt hinter dem Krokodil her. Beide sind verschwunden.

KOHL VERLAG Wir sind Kinder einer Welt – Bestell-Nr. 12 908

9. Theater, Theater

Der Kasper kommt

Kasper kommt atemlos angelaufen. „Kinder, Kinder! Die kleine Prinzessin Tausendschön weint sich die Augen aus, weil die Krone ihres Papas, dem Herrn König, verschwunden ist. Habt ihr die Krone zufällig gesehen?"

Kinder rufen: „Ja!" ... und erzählen die Geschichte.

Kasper: „Ich habe euch gut verstanden. Das Krokodil hat die Krone der bösen Hexe Larifari weggenommen?"

Kinder rufen: „Ja!" ... und erzählen.

Kasper: „Hahahahaha. Das ist ja prächtig. Und wo ist das Krokodil hingelaufen?"

Kinder: Zeigen die Richtung an: „Da hinten!"

Kasper: läuft in die Richtung, verlässt die Bühne, bis alle Kinder ruhig sind. Man hört ihn dabei im Hintergrund leise reden.

Kasper kommt wieder: „Helft ihr mir mal alle, das Krokodil zu rufen? Krokodil!" mehrmals rufen.

Krokodil: kommt hereingekrochen, hält die goldene Krone in seinem Maul und legt sie an der Bühnenecke ab. Kasper geht auf das Krokodil zu. „Du liebes Krokodil. Gib mir die Krone. Sie gehört dem König."

Krokodil: Schüttelt den Kopf und sperrt seinen Rachen weit und drohend auf.

Kasper: „Die Krone kannst du doch nicht auffressen, die würde ja ganz schön piksen. Also gib sie mir."

Krokodil: schüttelt Kopf, sperrt Rachen drohend auf.

Kasper: „Nicht auffressen. Du bekommst scheußliche Bauchschmerzen und schreckliche Zahnschmerzen. Und grausliche Kopfschmerzen und deine Ohren brennen und tun fürchterlich weh."

Krokodil: heult auf, als hätte es diese Schmerzen. „Uaaaaaa!"

Kasper: „Hier, das kannst du essen. Hm. Das schmeckt lecker, riech mal daran." Er hält ihm eine Banane vor die Nase.

Krokodil: kommt ganz nahe, schnuppert, schnappt die Banane, dreht sich um. Schmatzt vergnügt und geht ab.

Kasper: Ist sehr erleichtert. Holt die Krone. Zählt die Spitzen einzeln nach „1, 2, 3, 4, 5, 6, 7". Sie hat sieben goldene Spitzen. Ja, das ist die Krone des Königs. „Wir bringen sie gleich ins Schloss zurück." Kasper geht singend mit der Krone ab.

Im Schloss

Fanfare ertönt, König tritt auf, hat die Krone auf, Kasper kommt hinter ihm herein. „Ach Kasper, wie danke ich dir, nun kann ich endlich wieder regieren. Das habe ich nur dir zu verdanken. Zur Belohnung darfst du mit meiner Tochter tanzen."

Kasper: „Danke Herr König, mit Prinzessin Tausendschön zu tanzen, das habe ich mir schon immer gewünscht."

König: „Lebe wohl, Kasper." Er geht würdevoll ab.

Kasper: Verbeugt sich mehrmals. „Auf Wiedersehen Herr König. Habe die Ehre, Herr König."

Kasper: zu den Kindern: „Super, cool. Jetzt darf ich mit der Prinzessin tanzen. Helft ihr mir, die Prinzessin zu rufen? Prinzessin Tausendschön." Mehrmals rufen!

Prinzessin kommt: Macht einen Knicks. „Da bin ich schon. Kasper, ich danke dir viel tausendmal, dass du die Krone gefunden hast. Willst du mit mir einen Ehrentanz wagen?"

Kasper: „Aber sehr gerne, Prinzessin Tausendschön. Doch so ganz ohne Musik?"

Prinzessin: „Musik? Aber da sitzen doch die besten Musikanten meines ganzen Königreiches!"

Kasper schaut ins Publikum: „Die Kinder hier? Kinder können doch gar nicht singen. Die können doch bloß toben und schreien und Quatsch machen, nicht wahr?"

Kinder rufen: „Nein!"
Prinzessin: „Ich bin da neulich an der Schule vorbeigefahren, da haben die Kinder ein wunderschönes Lied gesungen:" *Titel* sagen.
Kasper: Ungläubig: „Ihr könnt tatsächlich wunderschön singen?"
Kinder rufen: „Ja!"
Prinzessin und Kasper beginnen das Lied zu singen, Kinder fallen ein und die beiden tanzen dazu. Die beiden verbeugen sich, klatschen und rufen dem Publikum zu: „Tschüss. Auf Wiedersehn, bis zum nächsten Mal."

Tipps: Der Kasper tritt traditionell mit dem Singsong: Tri tra trullala, tri tra trullala, der Kasper, der ist wieder da. Bzw. ... der Kasper, der war heute da ...
Kasperles Lieblings-endlos-Lied lautet: Fideri, fidera, fiderallala, fideri fidera fideralllala ...
Erfinde spontan weitere Spielstücke, hierfür reicht eine Inhaltsangabe und Rollenfestlegung.

Fingerspiele: Fingerkuppen mit einem Gesicht bemalen und spielen

Die Namen meiner fünf Finger

Ich bin der Daumen Schnuziputz und bin heute zu gar nichts Nutz.
Ich nicke mit dem Kopf ganz fein und schlafe leider so schnell ein.
Ich bin der Zeigefinger Dünnestab und gebe allen Fingern Rat.
Ich drohe, wackle und zeige auf wen, das finden andere gar nicht schön.
Ich bin der Mittelfinger und so geschickt, wenn ich wackle, tun es alle mit.
Ihr glaubt es nicht? Los, streckt mich hoch. Das Spiel ist wirklich ganz famos.
Ich bin der Ringfinger, mich allein strecken, wird sogleich die anderen wecken.
Ich bin so schön und schrecklich wichtig, trag einen Ring, ja ihr seht richtig!
Ich bin der Kleinste, klappt alle anderen ein und zieht den Daumen mit hinein.
Ha, verschwunden sind sie alle nun, darf zappeln, währen die anderen ruhn.
Dann ruf ich laut: „aufgewacht" und miteinander machen wir einen Heidenkrach.
Hört nur zu und schaut gut hin: Wir sind die Zippel Zappel Fingerling.

Meine fünf Finger: Für zwei Hände

Wir sind die Daumen und grunzen, wie Schweinchen vergnügt: *grunzen*
Wir sind die Zeigefinger und wiehern, wie Pferdchen verspielt: *wiehern*
Wir sind die Mittelfinger, die Ziegen, boxen an die Schweine zum Vergnügen: *grunzen, meckern*
Wir sind die Ringfinger, wie die Hühner gackern wir, legen ein Ei als Wundertier: *gackern*
Wir sind der kleine Finger, ein krähender Hahn, begrüßen jeden, und das Spiel: *krähen*

Altes Fingerspiel. Traditionell

Das ist meine Mutter lieb und gut, *Daumen zeigen*
das ist mein Vater mit frohem Mut. *Zeigefinger hoch strecken*
Das ist mein Bruder, so lang und groß. *Mittelfinger bewegen*
Das ist meine Schwester mit dem Teddy auf dem Schoß. *Ringfinger zeigen*
Das ist unser Baby so winzig klein *kleiner Finger wackelt*
und dies soll meine ganze Familie sein. *alle Finger tanzen*

10. Zusätzlicher Fundus und weitere Gestaltungsideen

Gedächtnisweltmeister

- Donaudampfschifffahrtsgesellschaftskapitän
- Hubschrauberflugbesatzungsmitgliederverein
- Xantippenoberxantippengesangvereinsabend
- Drachenoberzeremonienmeisterschlafplatz

Durchführung:
Das lange, schwierige Wort immer wieder laut aufsagen, dazu klatschen, wippen, stampfen und es begleiten, wie immer es das einzelne Kind möchte.
Dann Tempi, Tonfall oder Mimik ändern und anpassen. Später einmal präsentieren und die Hörer auffordern, es selbst einmal zu versuchen.

Unsinniges erkennen und berichtigen: Stelle richtig!

Ich bin ein Hund und kann miauen. Richtigstellen: Der Hund bellt und die Katze miaut.
Ich habe ein Fahrrad und dies kann hupen.
Ich bin ein Baby und kann Schnitzel essen.
Ich bin ein Schmetterling und kann schwimmen.
In meine Badewanne ist Suppe eingelassen.
Auf dem Baum sitzt ein Fisch.
In unserer Garage steht eine Rakete.

Und das ist das Gegenteil

Gegensatz Begriffe nennen, auf Karten schreiben. Eine Karte ziehen, das erste Wort vorlesen. Wer nennt den Gegensatzbegriff?
laut-leise, schnell-langsam, einer-alle, hart-weich, nass-trocken, dick-dünn, rund-eckig, Mensch-Tier, alles-nichts, Frage-Antwort, Feuer-Wasser, laut-leise, oben-unten ...
Wer kann daraus einen kleinen Satz bilden? Die Schnecke ist langsam, die Katze ist schnell.

Reimwörter entdecken

Auf Karten notieren. Das erste Wort vorlesen, wer nennt das Reimwort? Stein-Bein, Fisch-Tisch, Haus-Maus, Hase-Vase, Tuch-Buch, gucken-spucken, kochen-pochen, weben-kleben, Mutter-Butter, Leute-Beute, Baum-Traum. Kleine Sätze dazu formulieren.

Gleiches und Ähnliches entdecken

Beide Wörter deutlich aussprechen. Wer kann die Unterschiede erklären? Einen Satz dazu: Beeren und Bären, Ziege und Züge, Tier und Tür, Lüge und Liege, Wahl und Wal.

Einen Satz merken und endlos ergänzen

Ich backe einen Kuchen. Ich backe heute einen Kuchen. Ich backe heute einen leckeren Kuchen. Ich backe heute einen leckeren Kuchen mit ... Wer merkt sich die Reihenfolge?

Stumme Sprache

Langsam und lautlos aber mit deutlicher Mundbewegung einen Kindernamen formulieren: Renate, Muharrem, Tobias. Einen kleinen Satz tonlos sprechen: Du bist großartig. Mit Gestik, Mimik unterstützen. Willst du mit mir malen? Willst du ... (*auf ein Kind zeigen*) ...mit mir ... (*auf sich selbst deuten*) ... malen (*imaginär*)?

Reporterspiel

Genau schildern, beschreiben, was auf dem Pausenhof, in der Bauecke, am Büchertisch geschieht.

10. Zusätzlicher Fundus und weitere Gestaltungsideen

Flüsterrunde

Dem Spielpartner ein langes Wort wie Feuerwehrhauptmannshelm oder ein Fantasiewort wie Kawatschitikiplatsch ins Ohr flüstern. Was hört und merkt sich der Partner?

Begriff erspüren

Dem Partner auf den Rücken mit dem Zeigefinger einen Kreis, Sonne, Stern, Ziffer, Buchstabe, Schlange, Haus, Wolke, Mond, Stern ... zeichnen. Was spürt der Partner?

Tastspiele

Unter einem Tuch den Kindern bekannte Dinge aus dem eigenen Umfeld verstecken: Ball, Löffel, Schere, Stift, Buch, Puppe, Auto, Puzzleteil ... Mit der Hand unter das Tuch greifen, einen Gegenstand ertasten, benennen, herausholen und Lösung überprüfen.
Schwierige, nicht alltägliche Dinge einsetzten wie Zweig, Kochlöffel, Schwamm oder Nagel.

Heiteres Berufe Raten

Im Halbkreis stellt ein Kind pantomimisch und imaginär einen Beruf dar wie Frisör, Rennfahrer, Koch, Arzt, Feuerwehrmann, Cowboy, Fernsehreporter oder Ritter. Steht das darstellende Kind dürfen sich Kinder melden, welche die Lösung kennen.

Konflikt Theater mit zwei Partnern oder Spielfiguren: Was nun?

O Schreck, ich hab meinen Geldbeutel verloren. Ich schwänze heute die Schule. Ich will jetzt Fernsehen. Dieses Essen esse ich nicht. Keine Lust zum Zähneputzen. Nase bohren ist doch super. Ich habe etwas stibitzt und streite es ab.
Ein oder zwei Kinder spielen die Szene im freien Rollenspiel oder mit Stabfiguren vor. Diese Situation mit anderen Lösungssätzen und Ausgang darstellen. Die Zuschauer beobachten ganz genau. Was sind die Spielunterschiede? Wie wurden die dabei entstehenden Aggressionen dargelegt und warum? Welches waren die besten Lösungsansätze?

Diskussion: Was wäre, wenn ...

Wenn ich einen Goldschatz finden würde? Wenn mir ein Zauberer drei Wünsche erfüllen würde? Wenn der Briefträger streiken würde? Wenn die Sonne verschwinden würde? Wenn es am Wochenende Schokolade regnen würde? Wenn ich ein Ungeheuer fangen könnte? Wenn ich einen Goldschatz ausgraben würde? Wozu muss es Nacht werden?

Kindermund, von Kindern präsentiert

Sich im Witze erzählen trainieren, dabei Gestik, Mimik, Körperspannung einbeziehen und Pausen einfügen. Kinder lachen gerne, mögen Witze, über etwas lachen befreit und Schadenfreude ist auch bei Kindern schon ausgeprägt. Bei einem Witze-Erzählwettbewerb präsentieren die Kinder im vertrauten Klassenverband, an einem Fest, Tag der offenen Tür oder einfach so ihre Lieblingswitze. Gemeinsam haben wir über Jahrzehnte unser Unikat-Witzebuch zusammengetragen. Witze zu erzählen, benötigt Übung und lebt natürlich von persönlichen Reden, die jeder ausschmücken kann und darf.

Hausaufgaben

Erstaunt schaut sich die Lehrerin Ulis Rechenheft an und staunt nicht schlecht: „Das ist ja toll, du hast seit einigen Tagen zum ersten Mal wieder alle Aufgaben richtig gelöst! Gratuliere – aber verrate mir einmal, wie du das geschafft hast?" „Na ja", antwortet Uli, „Mein Papa ist wieder von seiner Geschäftsreise zurück. Deshalb!"

KOHL VERLAG Wir sind Kinder einer Welt – Bestell-Nr. 12 908

10. Zusätzlicher Fundus und weitere Gestaltungsideen

Tierlogik

Im Unterricht sprechen die Kinder über Bienen, Hummeln und Wespen. Sie tragen ihr Wissen zusammen, schauen und blättern in Tierbüchern bis der Pädagoge das Gemurmel unterbricht. „Mal sehen, wer von euch ganz schlau ist!" meint er. „Ich hätte da eine kniffelige Frage an euch." Alle Kinder sind ganz leise. „Überlegt einmal, warum Bienen, Wespen und Hummeln summen?" Die Kinder beratschlagen, nennen Lösungen, doch es scheint noch nicht die richtige Antwort dabei gewesen sein. Plötzlich schreit Lisa in die nachdenkliche Stille hinein. „Ich weiß es, ich weiß es. Ist doch ganz einfach - die haben ihren Text vergessen und können nur noch summen."

Was war dein schrecklichstes Erlebnis?

Die Kinder dürfen von ihren schlimmsten Erlebnissen berichten. Bernd meldet sich schon lange aufgeregt und wedelt mit dem Finger durch die Luft. Endlich ruft die Lehrerin Bernd auf und er ist an der Reihe. Er ist aufgeregt. „Also, mein schrecklichstes Erlebnis ist noch gar nicht lange her." Dann holt er tief Luft: „Also das war in den Ferien als ich bemerkt habe, dass ich mich aus Versehen zweimal am Morgen gewaschen habe, wo ich doch Wasser gar nicht ausstehen kann!"

Malkunst

Im Zeichenunterricht fordert die Lehrerin die Schüler auf, ein Pferd zu zeichnen. Mit Begeisterung greifen die Kinder zu ihren Stiften und malen darauf los. Die Lehrerin geht leise durch die Klasse, schaut sich die ersten Ergebnisse an, bis sie bei Elke stehen bleibt und verwundet auf deren Blatt starrt. Nichts ist zu sehen, das Blatt ist noch unschuldig weiß. „Warum malst du denn noch nichts, du könntest doch schon mit dem Gras auf der Weide beginnen?" Elke blickt kurz auf und meint: „Ich kann das Gras doch nicht zeichnen, weil das Pferd, das schon gefressen hat." „Und wo hast du denn das Pferd gezeichnet, ich kann es nicht entdecken?" antwortet die Lehrerin. Und was antwortet Elke: „Das kann ich doch auch nicht zeichnen, weil das einfach weggaloppiert ist, weil es kein Gras gefunden hat."

Seltsame Früchte

Die Kinder wollen in der Klasse gemeinsam einen Obstsalat zubereiten. Ein Kind steht an der Tafel, um alle zugerufenen Zutaten und die Früchte zu notieren. Die Kinder rufen Äpfel, Birnen, Kiwi, Bananen oder Orangen zu. „Na", fordert der Lehrer die Schüler ermunternd auf. „Fällt euch noch eine ungewöhnliche Frucht auf, die wir in den Obstsalat schneiden könnten?" Hinten aus dem Klassenzimmer ertönt es bestimmt und überzeugt. „Ohrfeigen!"

Wegwerfen?

In der Schulordnung lernen die Schüler, dass sie im Unterricht keinen Kaugummi kauen dürfen, weil die klebrigen Reste an allen Möbeln unappetitlich festgeklebt werden. Plötzlich entdeckt der Lehrer ganz hinten in der Klasse ein Kind, das verdächtige Mundbewegungen produziert. Er schaut das Kind auffordernd an, doch es erfolgt keine Reaktion. „Sag mal Matthias, hast du da eventuell etwas im Mund?! Das wird doch kein Kaugummi sein!" Matthias antwortet: „Doch das ist ein Kaugummi." Der Lehrer fordert ihn unmissverständlich auf, das Ding aus dem Mund zu nehmen und in den Papierkorb zu werfen. „Das kann ich aber nicht." entgegnet ihm Matthias und schaut seinen Freund, der neben ihm sitzt, treuherzig an. „Und warum kannst du das nicht?" antwortet der Lehrer? Und Matthias sagt: „Den darf ich nicht wegwerfen, den hab ich von meinem Freund Richard ausgeliehen."

10. Zusätzlicher Fundus und weitere Gestaltungsideen

Zu wenig Lehrer?

Gestern kam Maria ziemlich sauer aus der Schule nach Hause. „Was ist denn mit dir los?" begrüßt die Mutter ihre Tochter. „Ach lass mich bloß in Ruhe", wirft die Schultasche wütend in die Ecke, geht in ihr Zimmer und knallt die Türe zu. Wenige Minuten später klopft die Mutter an ihre Zimmertür und geht hinein: „Wenn du eine schlechte Arbeit geschrieben hast, ist das doch nicht so schlimm.", will sie ihre Tochter beruhigen. „Darum geht es doch gar nicht", meckert Maria die Mutter an. „Überall heißt es, wir hätten zu wenig Lehrer, bloß bei uns nicht". Die Mutter hält inne und fragt zurück: „Wie meinst du das denn?" „In meiner Klasse ist immer ein Lehrer da, nie fehlt mal einer, nicht mal, wenn alle Grippe haben. Das ist ja so gemein."

Von der Brillenschlange zur Blindschleiche

Motiviert unterhalten sich die Kinder über Schlangen. Einige fürchten sich vor Schlangen, andere finden sie eklig, aber einige finden sie nicht nur interessant, sondern toll. Ich höre diesen zufälligen Dialog. Maren: „Du, was ist denn, wenn eine Brillenschlange ihre Brille verliert, sie kaputt geht oder sie sie nicht mehr findet?" Cornelia hört gespannt zu, legt ihr Gesicht in nachdenkliche Stirnfalten und sucht angestrengt nach einer Antwort. „Das ist doch ganz einfach: Wenn die Brillenschlange ihre Brille verliert – dann ist sie eine Blindschleiche."

Erlebte Kinderlogik im Vorschulbereich

Badende Hühner

Durch Zufall entdeckten unsere Töchter, wie auf dem Bauernhof ein geschlachtetes Huhn gerupft wird. Unsere Desiree fragt die Bäuerin dann: „Du, ziehst du die Hühner nachher wieder an, wenn sie gebadet wurden? Sonst erkälten sie sich."

Hörfehler

Etwas ungehalten frage ich meine beiden Töchter: „Habt ihr mich denn nicht rufen hören?" Felicitas erklärt mir ganz ungerührt: „Nein, Mama! Zuerst nicht, denn du redest so leise. Aber beim letzten Mal habe ich dich dann doch gehört."

Blödmann

Ich habe gesehen, wie Marco den Frieder schlägt und gehe auf die beiden Kinder zu. „Warum hast du denn den Marco geschlagen?", will ich wissen. Frieder antwortet ungerührt und fast beleidigt: „Ich wollte ihn ja nur am Popo treffen, aber der Blödmann hat sich einfach umgedreht."

Toter Ritter

Im Pausenhof streiten sich zwei Kinder beim Ritterspiel ziemlich heftig und ich höre ihren Dialog: „Wenn du mich jetzt tötest," schreit der Eine „rede ich nie wieder ein Wort mit dir!"

Lebendige Schreibmaschine

„Du, Papa, schreibst du das für die Mama?" meint die zuschauende kleine Tochter, die neben ihrem Vater an der Schreibmaschine steht. Der Vater meint: „Richtig beobachtet." „Ah, dann bist du Mamas lebendige Schreibmaschine", tönt es anerkennend zurück.

Klassensprecher Kasper

Unsere Tochter wäre beinahe in der zweiten Klasse zur Klassensprecherin gewählt worden. Das berichtet sie stolz beim Mittagessen. Ihre kleine Schwester lauscht aufmerksam besonders, als die große Schwester erläutert, welche wichtigen Aufgaben sie dann gehabt hätte. Am Ende resümiert die kleine Schwester mit einem tiefen Seufzer: „Sei froh, dass du nicht Klassenkasper geworden bist."

10. Zusätzlicher Fundus und weitere Gestaltungsideen

Bodenheringe

Im Urlaub waren wir auf dem Zeltplatz am Genfer See. Unsere große Tochter fand den Zeltaufbau spannend und wollte unbedingt mithelfen. Begeistert schwang sie den Gummihammer und rief ihrem Papa voller Stolz zu: „Schau mal, wie ich die Sardinen in den Boden einschlage."

Sinnliche ganzheitliche Entwicklung des Kindes und der Sinnesorgane

Sinnliche Wahrnehmungen vernetzen jeden Menschen ganzheitlich mit seiner Welt und Umwelt, in welcher er lebt und hineingeboren wird. Körper, Geist, Seele, Umwelt, Außenwelt, die gesamte Welt und Betrachtung zu sich selbst, verweben sich wie bei einem Spinnennetz miteinander und untereinander.

Jeder Mensch besitzt sieben Sinne, das belegen auch traditionelle Sprichwörter: „Der hat nicht alle seine sieben Sinne beieinander" oder jemand „hat einen sechsten Sinn."

Äußerlich sichtbar besitzen wir fünf Sinne: Ohr, Nase, Zunge, Haut und Augen. Hinzu kommen noch der Sinn für Körperwahrnehmung, der Gleichgewichtssinn und die Muskelsteuerung. Dabei werden Reize an das Gehirn transportiert und weitergeleitet. Unser Gehirn speichert diese ab, sortiert, vergleicht und bewertet sie. Koordiniert sie mit früheren, bisher gesammelten Reizen und Eindrücken, ehe sie direkt zu den entsprechenden Organen weitergeleitet werden, zur Ausführung gelangen und unsere Sinnesorgane tätig werden.

Wahrnehmungs- und Sinnesorgan: Unsere Augen

Unser wichtigstes Sinnesorgan ist das Sehen, also unsere Augen. Sie haben Multifunktionen und sind ein Multitalent.

Farben sehen

Mit einem Monat kann ein Baby die Farbe Rot erkennen und mit vier Monaten entdeckt es die Farben gelb, grün und blau.

Unser Sehfeld

Unsere Augen sehen in einem Winkel von etwa 200 Grad, das räumliche Sehen umschließt einen Raum von 140 Grad. Bei Kindern ist dieses Gesichtsfeld um 30 % geringer als beim Erwachsenen.

Visuelle Wahrnehmungen

sind physiologische Vorgänge des Sehens und der Verarbeitung des Gesehenen im Gehirn. Daraus leiten sich Reaktionen und Fertigkeiten ab, die man z. B. für den Schreib-Leseprozess benötigt. Visuelle Wahrnehmung, visuelle Orientierung und Visuomotorik bilden die wichtigsten und zentralen Grundlagen für lebenslanges Lernen.

Visualisieren

Mit den Augen Wahrgenommenes zeichen. Entwurf umsetzen durch graphisches gestalten und bildliches veranschaulichen. Manche Menschen können sich an Gesichter oder Gesehenes besser erinnern.

Formkonstanz

bedeutet, dass Formen in ihrer Charaktereigenschaft erkannt und mit allen möglichen Varianten abgeglichen werden. Ein Dreieck wird damit in unterschiedlichen Größen, Formen, Farben, Materialien und unterschiedlicher Lage gezeichnet, als 3D-Bild oder plastisch wahrgenommen und identifiziert.

10. Zusätzlicher Fundus und weitere Gestaltungsideen

Raumlage und Raumwahrnehmung

Dinge, Elemente, Linien, Ziffern oder Buchstaben müssen zueinander richtig erkannt und differenziert werden. Zwischen der Ziffer 6 und 9 gibt es erhebliche Unterschiede, genauso zwischen dem Schreibschrift-e und -l oder dem b, d und p. Beim Schreibenlernen müssen hier Auge und Hand besonders fein abgestimmt und koordiniert werden. Um sich in einem Raum drinnen oder draußen, zu orientieren wird ein Raum wahrgenommen, eingeordnet und klassifiziert.

Auge-Hand-Koordination und Feinmotorik

Beim Schreiben, Malen, Basteln, Schneiden, Falten oder Modellieren gelingen die Aufgaben nur dann, wenn Auge und Hand trainiert sind und perfekt zusammenarbeiten. Feinmotorik und graphomotorische Genauigkeit sind verknüpft mit unseren visuellen und visuomotorischen Grundfähigkeiten und Grundfertigkeiten.

Visuomotorik

Hier wird Sehen mit einer Körperbewegung verknüpft. Buchstaben, Ziffern, Linien erkennen und selbst gestalten.

Visuomotorische Übertragung

Etwas sehen, erkennen, in eine folgerichtige Handlung umwandeln und selbst ausführen, wie z. B. eine Jacke schließen oder Schnürsenkel binden zu können.

Figur Hintergrund

Ein Gegenstand oder eine Form wird aus einem Hintergrund herausgelöst, herausgegliedert und identifiziert. Dies geschieht bei Suchbildern, Buchstaben oder Zahlen. Auch Einzeldinge gilt es aus der Gesamtmenge des Bildes herauszulösen. Dabei wird Ähnliches von Gleichem unterschieden, identifiziert und gekennzeichnet.

Mit den Ohren hören

Hören ist eine unerlässliche Schlüsselqualifikation, um einen Zugang zur akustischen Welt zu erhalten. Es bildet die Basis für ein Heraushören von Lauten, die beim Lesen lernen, Leseverständnis und beim Schreibprozess eine wichtige Grundlage bilden und beugt einer Lese-Rechenschwäche vor. Im Innenohr befindet sich die Hörschnecke, sie empfängt die Schallwellen und überträgt sie in das Gehirn, damit Gehörtes verstanden werden kann.

Geschmacks- und Geruchssinn sind unzertrennlich

Die Zunge

Unsere Zunge hat vier Geschmacksknospen Großbereiche für süß, sauer, bitter und salzig. Insgesamt verfügt unsere Zunge über 2000 Geschmacksknospen und leitet die erschmeckten Reize weiter an das Gehirn.

Die Nase

Unser Mund ist mit der Nase durch den Rachenraum direkt verbunden, gemeinsam speichern sie erschmeckte und erschnupperte Erinnerungen ab und lösen auch Emotionen wie Ekelgefühle aus. Das erklärt auch, warum uns beim Schnupfen oder der Erkältung im Nasen-Rachenraum das Essen weniger oder gar nicht schmeckt.